Anonymus

Geschichten und Begebenheiten von lebendig begrabenen Personen

Anonymus

Geschichten und Begebenheiten von lebendig begrabenen Personen

ISBN/EAN: 9783743316393

Hergestellt in Europa, USA, Kanada, Australien, Japan

Cover: Foto ©Suzi / pixelio.de

Manufactured and distributed by brebook publishing software (www.brebook.com)

Anonymus

Geschichten und Begebenheiten von lebendig begrabenen Personen

Vorbericht.

Gegenwärtige Geschichten sind abermals ein trauriger Beytrag zu den zahllosen und mannichfaltigen Leiden, denen die Menschheit ausgesezt ist; und zwar ein Beytrag zu einem Verzeichnisse solcher Leiden, die alle Stärke der Vorstellung, alle Lebhaftigkeit der Einbildungskraft übersteigen, und das unempfindsamste Menschen-Herz rühren, erschüttern müssen. — Sie sind zu dem Ende geschrieben, in dieser Absicht aufgestellt, daß wir aufmerksamer werden auf unsere Brüder, die nur zu oft die schauerliche Larve des Todes annehmen, und von uns als Todte behandelt werden, da doch noch Leben in ihnen ist, das sich von den äussern Theilen des Körpers nach innen zurückzog, und in einem Punkte, so zu sagen, concentrirte, und nun von uns in diesem Punkte bestürmt und erstickt wird.

Man wird in diesen Geschichten auf Scenen kommen, die Schauder erwecken, und Gemälde erblicken, gegen welche sich die Menschheit empört; und die doch, leider, alle mit dem Stempel der Wahrheit bezeichnet sind.

Wollte Gott! diese Darstellungen wirkten so sehr auf unser Gefühl, daß jeder Erblaßte von diesem Augenblicke an ein Gegenstand unserer thätigsten Sorgfalt würde!

Dieß und nichts anders, wünschet der Verfasser seiner Arbeit. Hierinn fände er Beruhigung für sein Herz, und großen, herrlichen Lohn für seine Mühe.

Einleitung.

Oft sind unsere Todten nur scheinbar todt. — Trüglichkeit der gewöhnlichen Kennzeichen des Todes. — Behandlung der Leichen.

Die Anstalten, die man seit einiger Zeit in so mancher Gegend von Seiten des Staates trift, um dem Schrecklichsten aller Uebel, dem wirklich unbeschreiblichen Unglücke, lebendig begraben zu werden, nach Möglichkeit vorzubeugen; diese Anstalten sind allerdings ein wichtiger Zuwachs zu den vielen Beweisen, die bereits Fürsten und Obrigkeiten gegeben haben, wie sehr ihnen das Wohl der Menschheit am Herzen liege. Seegen über diese Fürsten! Heil diesen Obrigkeiten, die sich damit nicht beruhigen, den Unterthan nur blos in den Tagen seines Lebens in ihren Schutz genommen zu haben, sondern die ihn auch noch mit ihrer väterlichen

lichen Fürsorge bis in die Schatten des Todes begleiten, und noch für ihn wachen, wann er schon erstarret da liegt, und der Geist den Fesseln des Fleisches entgangen zu seyn scheint. — Nur dem Leichtsinne und der Unwissenheit, dem gefühllosen und harten Menschen, können diese Anstalten überflüßig, unnöthig, unwichtig dünken, indeß sie der beobachtende, erfahrne, verständige Menschenfreund, nach ihrem ganzen großen Gehalte schäzt, und ihren Urhebern und der Vorsehung dafür mit heissem Herzen dankt. Denn ihm ist es nicht unbegreiflich, daß seine Brüder, daß er selbst, noch im Besize der Lebenskraft, dem Schooße der Erde übergeben, und tief in ihrem Eingeweide erwachen könne. Ihm haben mehrere Fälle die traurige Erfahrung beygebracht, daß nicht selten Menschen begraben wurden, deren sichtbares Leben nur eine Pause machte, seinen vorigen Gang aber wieder anfieng, da ihm die Fortsezung desselben nicht mehr möglich war. Ihm sind die Leiden denkbar, denen solche Unglückliche in verschlossenen Särgen, innerhalb festen Mauern, unter der Last einer ungeheuren Erdmasse, ausgesezt waren, und langsam, ringend mit Verzweiflung, unterliegen mußten, blos darum, weil man sie für todt hielt, da sie es doch nicht waren, weil man zu voreilig sie aus dem Sterbehaus hinwegschaffte, und mit zu vieler Eilfertigkeit ihre Beerdigung betrieb. Daher er sich auch durch jene Anstalten des Staats aufgefordert fühlt,

alles,

alles, was an ihm ist, dazu beyzutragen, damit sie sich ganz in ihren wohlthätigen, der Menschheit so ersprießlichen Folgen zeigen mögen, und Vorurtheile und Unwissenheit immer weniger Opfer erhalten.

Gewiß, die Beyspiele von wieder erwachten Verstorbenen, von lebendig Begrabenen wäre ungleich seltener, wenn nicht unter dem Publikum das Vorurtheil herrschte, daß man schon tod sey, wenn der Puls nicht schlägt, wenn das Athemholen aufhört, Blässe, Kälte und Erstarrung eintreten, wenn man in zwey bis britthalb Tagen nicht wieder ins Leben zurücktritt. Sie würden seltener seyn, diese Beyspiele des Entsetzens, wenn die gröſsere Menge belehrt wäre, wie sie mit ihren Erblaßten zu verfahren, die Leichname zu behandeln habe, und bey welchen Subjekten sie insbesondere auf ihrer Hut seyn müsse.

Jene Vorurtheile, wo nicht zu tilgen, doch zu schwächen, diese Kenntnisse in Umlauf zu bringen, die Aufmerksamkeit auf die Todten zu verstärken, dieß ist der Zweck, dieß die Absicht der gegenwärtigen Abhandlung, die wir den nachstehenden Geschichten als Einleitung vorausschicken; so wie wir die letztern blos darum sammelten und niederschrieben, um die Leichtigkeit des Lebendig-Begrabens anschaulich darzustellen, und dadurch fühlende, empfindsame Menschen für das Schicksal ihrer ver-
stor-

storbenen Brüder zu intreßiren, und die weniger Aufmerksamen zu warnen.

Wir behaupten also: Das Stillstehen des Pulses, das Ausbleiben des Athemholens, berechtigen uns noch nicht, auf die wirkliche Gegenwart des Todes zu schliessen; denn beydes findet man bey starken heftigen Ohnmachten auch. Alle erfahrnen Aerzte werden dieses bestättigen, unsere Leser selbst, wenigstens einige darunter, werden sich solcher Beyspiele zu erinnern wissen, und unsere nachfolgenden Geschichten es ausser Zweifel setzen. Schon mancher lag Stundenlang in einem Athem- und Pulslosen Zustande, ohne alle Bewegung und erstarret da, und doch erholte er sich wieder. Es ist wahr, der Mensch kann, ohne zu athmen, nicht leben, aber er kann es doch einige Zeit, und wer vermag hier ein Maaß zu bestimmen? Das Kind in Mutterleibe lebet, und athmet nicht: Leute, die sich unter das Wasser tauchen, und dort Geschäfte verrichten, leben, und athmen nicht. Der Umlauf des Blutes in den Pulsadern kann oft so unmerklich seyn, daß ihn selbst der geübteste Arzt nicht bemerkt. Es giebt Fälle, wo sich das Leben ganz in die innersten Theile des Körpers zurückzieht, und sich nur in einem einzigen Punkte concentrirt. Die Zergliederer haben uns Geschichten aufbehalten, daß mehrere Tage nach dem Tode, bey völliger Erstarrung des Leibes, noch das Herz im sitzirten Leich-

Einleitung.

Leichname lebendig gefunden wurde. Es ist nicht unschicklich, einen bewegungslosen, von außen todt scheinenden Menschen mit einer Uhr zu vergleichen, die zwar stille steht, doch aber wieder in Gang gebracht werden kann. Erhenkte, Ertrunkene, Erstickte, Erfrorne, die man durch Anwendung der gehörigen Mittel wieder lebendig machte, waren solche Uhren.

Eben so wenig, als der Mangel des Athems, und des Pulsschlages, sind Todtenblässe und Todtenkälte sichere Anzeigen des Todtes. Blässe und Kälte beweisen weiter nichts, als daß die Lebenskraft geschwächt sey, aber nicht, daß sie nicht wieder erweckt werden könne. Sie sind zwar die Begleiter des Todes, aber keine Bürgen für denselben. Man hat Kranke, die so blaß wie Leichen aussehen, kalt anzufühlen sind, wie eine Leiche, und doch noch leben.

„Aber die Steifheit der Glieder, verbunden mit Bewegungslosigkeit, Kälte und Blässe, ist doch „wohl ein sicheres Zeichen des Todes?" Weder diese; denn wir kennen einen Zustand, welcher der Todtensteifheit der Glieder äußerst ähnlich ist, und doch nur in einer Erstarrung bey lebendigem Leibe besteht. Der Erstarrte ist unfähig irgend ein Glied zu bewegen, unfähig ein Zeichen von sich zu geben, daß noch Leben in ihm sey. Seine Augen sind geschlossen, die Kinnladen von einander gewichen,

abe

aber sein Ohr höret, und sein Gefühl führet Eindrücke zu seiner Seele hin. Wir liefern unsern Lesern einige diesen Zustand erläuternde Geschichten: sie werden daraus entnehmen, daß Scheintodte von dieser Gattung, das Weinen ihrer Freunde, die Berathschlagungen über das Begräbniß gehört, und mit körperlichen und geistigen Schmerzen die Behandlung empfunden haben, die man sich gegen sie als Todte erlaubt hatte. O, wie schrecklich muß einem solchen Menschen zu Muthe seyn, der Zeuge von allen den Anstalten ist, die man zu seiner Ermordung trift! Sich seiner und seines Elendes bewußt, wird er in den Sarg verschlossen, in die Erde verscharrt, und vermag nichts zu seiner Rettung beyzutragen; siehet sich gezwungen, den Zeitpunkt des entseßlichsten Todes abzuwarten. Doch das Band, welches seine Glieder gefesselt hält, löset sich auf, er bewegt sich, versuchet seine letzten Kräfte, sich aus seinem Kerker zu befreyen, und empfindet, daß sie nicht hinreichen, empfindet, daß er auf immer verloren ist. Mir grauset bey der Vorstellung dieser Scene! — Wir haben Beyspiele, daß sich selbst Personen aus Verzweiflung die Adern aufgebissen, und durch Verblutung ihrem qualvollen Daseyn ein Ende gemacht haben. Andere warfen sich im Sarge um, und erstickten jämmerlich und langsam. — Dieß sind keine bloßen Muthmaffungen, sondern Erfahrungen, die theils selbst Leute erzählt haben, die in dieser schrecklichen Lage sich

befan-

befanden, aber noch das Glück hatten, bey Zeiten errettet worden zu seyn. — Doch ich kehre wieder zu meinem Gegenstande zurück, und behaupte ferner:

Daß selbst der Leichengeruch kein so zuverlässiges Kennzeichen des Todes sey, als man gewöhnlich dafür hält. Kranken, die noch volles Leben, noch vollkommene Besinnungskraft besaßen, gieng doch der Geruch der Verwesung aus dem Munde, und bewies nur soviel, daß der kalte Brand schon innerlich da war. Andere wieder hatten äußerlich abgestorbene Glieder, die einen Todtengeruch von sich gaben, und lebten doch noch, wurden doch noch wieder hergestellt. Die Schriften eines Boerhaave's, van Svieten, Hallers, Werlhofs, Hufelands, u. a. m. sind voll von dergleichen Beispielen.

Hieraus erhellet sattsam, daß man nicht vorsichtig genug bey Todesfällen seyn könne, und alle Ursache habe, sowohl den vermeinten Verstorbenen gehörig zu behandeln, als mit seiner Beerdigung zu zögern. Wir wollen zuerst von der gehörigen Behandlung unserer Todten reden.

Es ist nicht recht, wenn wir den Verstorbenen gleich aus dem Bette heben. Es kann noch Leben, noch ein Fünkchen des Lebens in ihm seyn, das sich, wie ein schwach brennendes Licht, wieder erho-

erholen kann, das aber vollends erlöschen muß, wenn dem Körper alle äußere Erwärmung geraubt wird. Setzet einem schlafenden, gesunden, mit Säften versehenen Menschen der Kälte, dem Froste aus, und er erfriert; um wie viel leichter muß es um einen kränklichen, ausgezehrten, schwächlichen, erschöpften, bewegungslosen Körper geschehen seyn, wenn man ihn aus der wohlthätigen Bettwärme, so gut als entblößet, in eine kalte Kammer, auf ein kaltes Bret, oder auf kaltes Stroh bringt! So wie die Kälte tiefer dringt, ziehet sich das kleine Fünkchen des Lebens immer tiefer in den Menschen zurück, und verringert sich immer mehr, bis es endlich vollkommen erlischt. Jeder Mensch, den eine starke Ohnmacht dem wirklich Verstorbenen ähnlich macht, erholet sich, wenn seiner Lunge noch frische Luft zugeführet werden kann — und dieß kann auch unmerklich geschehen — und wenn ihm die äußere Erwärmung nicht ganz genommen wird. Entblößet ihr aber einen Ohnmächtigen bey einiger Kälte, leget ihr ihn entkleidet in kalte Kammern, Gewölbe, u. s. w. so ist es, als wenn ihr sein Leben einmauertet, und ihr begrabt einen lebendigen Menschen.

Eben so verwerflich ist die Gewohnheit, den Sterbenden das Kopfkissen wegzunehmen, in der Meinung, ihnen das Sterben zu erleichtern. Weit gefehlt, meine Freunde, wir erschweren vielmehr

Einleitung.

mehr durch diesen Dienst das Sterben unsern Lieben, wir machen dadurch, daß das Athmen stille stehet, der Puls unfühlbar wird. Wir glauben dann, er habe ausgerungen, unser Freund, er sey wirklich todt, da er doch noch lebet, und erst jtzt, da man ihm das Kissen weggenommen hat, an einem Schlagflusse stirbt, wo er sich vielleicht erholt haben würde, wenn man ihm das Kopfkissen gelassen hätte.

Es ist unvernünftig, den Verstorbenen in ein abseitiges Zimmer zu sperren, oder ihn allein, oder in Gesellschaft solcher Personen zu lassen, die ihrer nicht mächtig, dem Trunke ergeben, also vor dem Schlafe nicht sicher sind, oder sich wohl gar vor Todten fürchten. Der Verstorbene muß in einem temperirt warmen Gemache liegen, in keinem Sarg verschlossen seyn, einen Polster unter dem Kopfe haben, von verläßigen, rührsamen Personen bewacht werden.

Besonders machen Ansprüche auf unsere Sorgfalt und die vorsichtigste Behandlung solche Verstorbene, welche plötzlich, in voller Blüthe ihrer Lebenskraft erblassen und erstarren, mithin wirklich gestorben zu seyn scheinen. Ein solcher Todesfall ist immer verdächtig, oft nur ein Scheintodt. Ein ausgewachsener, starker Mensch hat einen grossen Antheil von Lebenskraft, die nicht so leicht verzehrt wer-

werden kann. Leute, die an Schlagflüssen sterben, dürfen wir eben so wenig gleich für wirklich todt ansehen. Der Schlagfluß bewirket eine Unordnung im menschlichen Körper, wie Staub oder sonst ein Hinderniß solche in einer Uhr verursachet. Diese schicket man zum Uhrmacher, und sorget für die Wegräumung des vorhandenen Hindernisses. Freylich kann man dem Innern des menschlichen Körpers nicht so gut beykommen, als der Uhrmacher einer Uhr; aber der Verstand des Menschen dringet immer sehr tief, und hat in dergleichen Fällen bereits sehr namhafte Fortschritte gemacht.

Alle Menschen, die durch starke Verblutung ihr Leben verloren zu haben scheinen, fordern eine verdoppelte Aufmerksamkeit von unserer Seite. Auch der stärkste Blutsturz nimmt deßwegen doch nicht alles Blut mit sich fort. So wie man eine Lampe umstoßen, und alles Oel, außer dem, das sich noch im Dochte befindet, verschütten kann, ohne daß das Licht sogleich erlöschen müßte, so kann auch ein Mensch eine beträchtliche Menge Blut verlieren, und dem ohngeachtet noch, freylich immer schwach, unsichtbar leben. Nervenzuckungen bringen auch öfter solche Ohnmachten zuwege, daß man leicht den Ohnmächtigen für verstorben halten kann. Leute, die einen schweren Fall gethan haben, scheinen oft todt zu seyn, und leben nachher wieder auf. Bey ihnen sind die innern edlen Theile gewöhnlich
unver

Einleitung.

unverſehrt, das Leben zieht ſich dahin zurück, und die äußere Betäubung, die das Bild des Todes an ſich trägt, iſt täuſchend. Dieſe alſo, und alle diejenigen, die aus unſerer Geſellſchaft durch Stickflüſſe, fallende Sucht, Starrſucht, Schlafſucht, Mutterbeſchwerden, Milzſucht, Darmgicht, Peſt, u. ſ. w. geriſſen werden, muß man immer als verdächtig todt anſehen, und keine Mühe ſparen, die in ihnen nur vielleicht unterdrückte, aber nicht erſtickte Lebenskraft wieder zu erwecken, und in Wirkſamkeit zu ſetzen. Hieher gehören auch Mütter und Kinder, welche während der Geburt, oder gleich nach der Geburt verſcheiden oder wenn Mütter ſterben, ehe ſie noch gebohren haben, wo die Kinder noch leben können. Hieher gehören alle Ertrunkene, Erhenkte, Erſtickte, vom Blitz getroffene, vor Freuden oder Schreck dahin gefallenen Menſchen. — Man halte alle dieſe ſo lange für ohnmächtig, bis uns ſichere Kennzeichen und angeſtellte Belebungs-Verſuche deutlich zeigen, daß nicht Ohnmacht, ſondern wirklicher, wahrer Tod vorhanden ſey. Auf dieſe Art werden wir den lobenswürdigen Anſtalten des Staates, ſo zu ſagen, in die Hand arbeiten, und den guten Erfolg befördern helfen, welchen ſie beabſichtigen.

Aber welche ſind denn die ſicherſten, die zuverläßigſten Kennzeichen des Todes? Wir antworten hier mit den größten Aerzten: Der Eintritt der Fäulniß, welche meiſtens nach drey vollen Tagen erfolgt. Bis zu diesem Zeitpunkte kann immer noch Leben zugegen seyn; bis zu diesem Zeitpunkte ist es nicht überflüßig, die Leichen öfter mit kaltem Wasser zu besprengen, flüchtige Salze und Geister ihnen unter die Nase zu halten, geistige Sachen in den Mund zu giessen, die Brust, den Unterleib, die Arme und Füsse mit Bürsten, oder mit in warmen, scharfen Essig oder Brandewein eingetauchten Tüchern zu reiben, und bey der geringsten Spur der erwachenden Lebenskraft sogleich nach dem Arzte zu schicken, ohne dessen Zeugniß auch niemals eine Leiche begraben werden soll.

Ich wiederhole es noch einmal: Unter diesen Bedingungen werden sich die traurigen Fälle gewiß nie ereignen, die ich so eben meinen Lesern zur Warnung erzählen will.

Ein Mönch kömmt im Todtengewölbe zu sich. — Lebet drey Tage, leidet schrecklich, und stirbt endlich eines jämmerlichen Todes.

―――――――

Als das Gebäude der aufgehobenen Mönche in C*** zum weltlichen Gebrauche verwendet, und zu diesem Ende überbauet wurde, fand man an einem abgelegenen Orte desselben ein Kämmerchen, das, allen Merkmalen nach, zur einstweiligen Aufbewahrung der klösterlichen Leichen dienen mochte. Bey näherer Untersuchung ergab sich, daß es auch wirklich diese, und keine andere Bestimmung hatte. Völlig am Ende des weitläufigen Gebäudes, da, wo kein Geschäft Jemanden hinzog, zwischen verfallenen Kellern und Brunnen war dieses Gewölbe gelegen. Eine starke Pfostenthüre mit einem ungeheuren Schlosse versehen, führte in dasselbe. Bey ihrer Eröffnung stieg man einige Stuffen hinab, und mußte hier noch eine andere ebenfalls sorgfältig gesperrte Thüre öffnen, ehe man in die eigentliche

liche Todtenkammer kam. Nur ein kleines ganz oben an der Decke angebrachtes, mit eisernen Stangen und einem dichten Drathgitter wohl verwahrtes Fenster warf einige schwache Strahlen Licht in das schauerliche Gemach. Auf hölzernen Gestellen lagen Bretter mit schwarzen Tüchern behangen. Kruzifixe standen hie und da, und Lampengefäße noch zum Theil mit stinkendem Oele gefüllt.

— Aus alle dem konnte man sehr wahrscheinlich schließen, daß hier der Ort war, wo nun die verstorbenen Klosterleute bis zum Begräbnißtage aufzubehalten pflegte, wie denn auch solches einige Einwohner des Städtchens einstimmig bestättigten.

„Hieher brachte man die verstorbenen geistlichen Herren, sagten diese, aus ihren Zellen. Drey bis vier Tage lagen die Leichen hier, und erwarteten ihr feyerliches Begräbniß. Doch geschah schon dieses seit langen Jahren nicht. Man räumte ein ordentliches Zimmer den Verstorbenen ein, und schien ganz dieses Gewölbes vergessen zu haben."

Einer von den Anwesenden, der gerade diesen Theil des Klosters käuflich an sich brachte, untersuchte das Todtengewölb genauer. Die Aussage der Einwohner des Ortes, besonders die Anmerkung, daß schon seit Jahren keine Todten hier beygesetzt, sondern in einem ordentlichen Zimmer aufbewahret worden wären, hatte ihn aufmerksam gemacht. Bey hellem Fackelschein durchsuchte er jeden Winkel, nirgend fand er was Ungewöhnliches.

Schon

Schon wollte er das traurige Gemach verlassen, als er auf Glasscherben trat, die unter seinen Füßen glirrten. Er stand stille, sah auf die Erde, blickte gegen das Fenster die Wand hinauf, und bemerkte eine Schrift auf derselben. Wie entsezte sich der Mann, als er die Worte las!

„Domine, miserere mei! A viventibus derelictus, in manus tuas commendo spiritum meum. — Fractæ sunt vires meæ, clamans non audior, fame morior. Creator, audi me. Tertius jam labitur dies. Veh mihi morienti! 1735.

„Herr, erbarme dich meiner! Von den Lebenden verlassen, empfehle ich meinen Geist in deine Hände. Meine Kräfte sind dahin. Den Rufenden höret man nicht. Ich sterbe Hungers. — Schöpfer, erhöre mich! Schon ist der dritte Tag. Weh mir Sterbenden! 1735.

Die Worte waren sehr undeutlich in den Kalk gekrazt, wahrscheinlich mit den Glasscherben, die auf der Erde lagen. Es scheint, der Unglückliche habe eine der gläsernen Lampen zerbrochen, und mit den Glasstücken seine Empfindungen auf der Wand ausgedrückt. Er schrieb nicht in einem fort: es war sichtbar, daß er oft mitten im Worte abgesezt habe, je nachdem ihn der schreckliche Kampf dazu zwang, den er mit Leben und Tod zu kämpfen hatte.

Nun war es offenbar, daß der Aermste nur als ein scheinbar Todter in das Gewölbe übertragen, und erst hier, nach drey Tagen des grausamten Leidens wirklich gestorben sey. Nun konnte man sich auch erklären, warum die Mönche ein anders ordentliches Zimmer ihren Todten anwiesen, und das Gewölbe, aus dem keine Rettung für den Erwachenden möglich war, seit diesem Vorfalle unbenuzt ließen.

Leser, die Gefühl haben, werden sich die Leiden vorstellen können, mit denen der verlassene Mönch, in dem von allen Menschen entfernten, auf das sorgfältigste verschlossenen Gewölbe, zu ringen hatte. In dem Augenblicke des Erwachens aus einer tiefen Ohnmacht, erwachte auch in ihm die Begierde zu leben. Er rief, und kein Ohr hörte ihn. Er wollte sich retten, und sah kein Rettungsmittel vor sich. Alle seine Kräfte strengten sich an, das Daseyn zu erhalten, und sie wirkten vergebens. Der Gedanke, ich lebe, vergesellschaftet mit jenem des unvermeidlichen schrecklichsten Todes, o welch eine unnennbare Quaal! — Ja, ich sehe den Unglücklichen mit aufgerissenen, hervorragenden Augen, mit heiserer Stimme, lechzender Zunge, ringenden Händen, das öde Gemach durchirren, sich zur Erde werffen, wieder aufraffen, kraftlos dahin sinken, jammern, wimmern, und in konvulsivischen Zuckungen seinen Geist aufgeben. — Dieses schauerliche Bild stehet vor meinen Augen, und mein Herz blutet bey dem Anblicke desselben.

―――――――

(2)

(2)

Schreckliche Entdeckung in einer Todtengruft.

In P*** hatte man auf landesherrlichen Befehl alle noch vorhandenen Todtengrüfte ausräumen, und für immer verschließen müßen. Als man mit dieser Arbeit in einer der dasigen Kirchen beschäftiget war, machte man folgende Entdeckung:

Unter mehrern in dem unterirrdischen Gewölbe beygesezten Särgen fand sich einer, dessen Deckel abgeworffen war. Nothwendig mußte dieses den Arbeitern auffallen. Schüchtern treten sie zu dem Sarge, — und finden ihn leer. Das Leichentuch, worein der Todte eingehüllt war, lag auseinander geschlagen über dem Sarge. Rosenkranz und Kruzifix fand man auf demselben. Die Vorgesezten der Kirche werden geruffen. An dem Sarge erkennet man, wer darinn lag, und kann nicht begreifen, was mit dem Leichname geschehen. Lichter werden herbeygeholt. Man suchet mit Genauigkeit nach. Im Hintergrunde der Gruft stoßen die Suchenden an ein Gerippe. Man beleuchtet es, und

erken-

erkennet an einigen noch daran befindlichen Kennzeichen dieselbe Person, die in dem Sarge fehlte. Noch war hie und da ausgetrocknetes Fleisch an dem Gerippe, und deutliche Spuren zeigten sich, wie der lebendig Begrabene mit den Zähnen daran genagt hatte. Was noch von seiner Todtenkleidung der Moder verschonte, war zerrissen. Der Unglückliche machte diese Risse im Zustande seiner Verzweiflung.

Man denke sich in die Lage dieses Mannes, und man wird das Schreckliche derselben fühlen. Man denke sich den Wiedereintritt seines Bewußtseyns, und stelle sich vor, wie uns zu Muthe seyn würde, wenn wir aus einer solchen Betäubung erwachten, uns in Gesellschaft verwesender Leichname erblickten, Todtengeruch in uns zögen, leben wollten, und nicht könnten, und man wird gewiß zurückbeben bey dieser Vorstellung.

(3)

Ein durch Posaunenschall Wiedererweckter erzählet seine Geschichte.

In Ingolstadt war ein junger Studirender gefährlich krank, so zwar, daß seine Aerzte aus guten Gründen an der Herstellung ihres Patienten zweifeln konnten. Stündlich wurde es mit dem Darniederliegenden schlimmer. Kunstverständige, Verwandte und Freunde gaben alle Hoffnung auf, und nahmen stummen Abschied von dem Sterbenden, der noch in ihrer Gegenwart vollendet zu haben schien. Erblaßt, kalt, und ohne sichtbare Bewegung lag er da. Man nahm ihn aus dem Bette, entkleidete ihn, wusch ihn mit kaltem Wasser, und brachte ihn in eine entlegene Kammer des Hauses, wo er auf ein Brett gelegt, neben ihm eine brennende Lampe gestellt, und überhaupt so behandelt wurde, wie es insgemein bey Todten zu geschehen pflegt. Noch desselbigen Tages kam der Tischler, und nahm das Maaß zum Sarge von ihm. Man öffnete das Fenster der Kammer, und stellte zwey

alte

alte Weiber zu der Leiche, deren Bestimmung war, wechselsweise zu bethen und zu singen. Des folgenden Tages legte man den Todten in den Sarg, gab ihm ein Kreuz in die Hände, und band sie ihm mit einem ellenlangen Rosenkranze recht fest zusammen. Des Nachmittags wurde der Deckel des Sarges über ihn gelegt, und mit hölzernen Nägeln vernagelt; denn die Bestattung der Leiche zur Erde war auf den Abend angeordnet. Dieser rückte heran, und man brachte den Sarg mit dem Todten in den Hof des Hauses, wo bereits die Begräbnißgäste versammelt waren, und nur auf den Priester warteten. Dieser kam, und mit ihm auch Küster, Leichenträger, und die Männer mit den Posaunen. Der Priester bethete, und die Chorknaben sangen, die Posaunen ertönten, die Leichenträger bemächtigten sich des Sarges; aber welch ein Schreck überfiel nicht alle, als der Deckel des Sarges aufsprang, und der vermeinte Todte mit einem entsetzlichen Geschrey sich empor hob, die mit dem Rosenkranze fest gebundene Hände von einander riß, und einen wilden Blick auf die erstaunte zitternde Versammlung hinwarf. Die Leichenträger ließen den Sarg fallen, und liefen bebend davon. Der bethende Priester erstummte. Die singenden Knaben schwiegen, und verkrochen sich. Die Begräbnißgäste wußten nicht, wie ihnen geschah.

„Um

„Um Gottes Willen! schrie der zum Leben Wiedererwachte, — um Gottes Willen erbarmet euch meiner! Ich lebe!"

Nur langsam näherte man sich dem Bittenden. Es brauchte lange, bis man sich wirklich überzeugte, daß es keine Geistererscheinung sey. — Endlich verschwanden Schreck und Furcht, und der Erstandene erhielt Hülfe. Auf seinem Zimmer erzählte er Nachstehendes von seinem Zustande:

„Stuffenweise verlor ich meine Kräfte. Kein Glied vermochte ich zu bewegen. Die Zunge versagte mir ihre Dienste. Meine Augen sahen, meine Ohren hörten; ich fühlte, und war mir meiner selbst bewußt. Ich litt unaussprechlichen Schmerz, als man mir die untere Kinnlade gegen die obere drückte. Das laute Bethen und Singen war ein rollender Donner für mein Ohr, und das Lampenlicht schnitt wie ein scharfes Schwerdt im Innern des Auges. Als man mich aus dem Bette hob, und betastete, glaubte ich radegebrochen zu werden, und jeder Tropfen kaltes Wasser, der auf mich fiel, schien mir ein Dolchstich zu seyn. Der Anblick des Sarges, das Gefühl meiner ganzen Behandlung, der Gedanke, daß ich lebend werde begraben werden, daß ich ohne Rettung verlohren sey; dieß, Freunde, waren Quaalen, die ich mit Worten zu bezeichnen außer Stand bin. Mit ganzer Seele wirkte ich auf meinen Körper, aber ich wirkte vergebens. Keine Muskel gehorchte dem Willen. Ich mußte

mich

mich in den Sarg einschließen lassen, und den entsetzlichsten Tod immer näher kommen sehen. Doch Dank sey den Männern mit den Posaunen! Der durchdringende Schall dieses Instruments erschütterte mein ganzes Wesen. Mit Einemmale fiel es wie eine schwere Last von mir; ich konnte mich bewegen. Hier hob ich mich im Sarge, riß die Hände von einander, stieß mit Gewalt den Deckel von mir, und trat wieder in die Welt ein, aus der man mich so eben entfernen wollte."

So erzählte der Wiederaufgelebte, und seine Geschichte giebt uns die Lehre, daß wir ja alle mögliche Vorsicht bey allen denjenigen anwenden sollen, die uns todt zu seyn scheinen.

Wiederauflebung des Hrn. Schloß-Küsters Wuth, in Hannover, von ihm selbst erzählt.

———————

Herr Schloß-Küster Wuth theilt uns in dem Hannövrischen Magazin, vom Jahre 1791. im 89. Stücke, folgende Geschichte aus seiner Jugend mit:

„Eine schwere Krankheit warf mich in meinem Knabenalter darnieder. Man gab mir Medizin, jedoch nicht Besserung, wohl aber ein Zustand folgte darauf, den meine Eltern für den Tod selbst ansahen, ohngeachtet ich mir meiner bewußt blieb, und auch alles, was um mich her vorgieng, beobachtete und vernahm. Ich hörte das laute Weinen und Jammern meiner Mutter und Geschwister; hörte, wie man vom Rufen der Todtenfrau sprach, wie es einer von meinen Schwestern aufgetragen wurde, sie zu rufen, und wie die Aelteste dagegen die Einwendung machte, daß die alte Frau wohl eine Hexe sey. Indessen entschloß man sich doch endlich, sie kommen zu lassen; und noch ist's mir, wenn ich an

jenen

jenen Vorfall denke, als sähe ich diese große, breitschultrige, vermummte Katharine zu mir kommen, und in das bey ihrer Ankunft lauter werdende Weinen und Schluchzen mit einstimmen. — Ich sah, wie mein Vater das Stroh zu meinem Todtenlager bey meinem Bette vorbey in die Kammer trug, und die alte Katharine auf mich zukam, und mir die Augen zudrückte. Ich wurde gewaschen und in die Kammer getragen. — Bey diesem ganzen Vorgange hatte ich mein völliges Bewußtseyn. Bis die Todtenfrau mir die Augen zudrückte, konnte ich alles sehen und hören. Körperliche Schmerzen litt ich nicht; und da ich von der Angst und dem Leiden lebendig begraben zu werden nichts wußte, wurde ich von keiner Besorgniß beunruhigt.

Wie lange Herr Wuth in der Kammer gelegen, und auf welche Art er wieder zum Gebrauche seiner Glieder gekommen, und wie man sein Aufleben zuerst wieder erkannt hat, davon weiß er bis auf diese Stunde nichts. In seinem väterlichen Hause schwieg man davon, und bald verließ er auch solches nach diesem Vorfalle.

(5)

Ein Diebstahl in der Gruft rettet einer lebendig begrabenen Frau das Leben.

In London fiel die kranke Gattinn eines sehr reichen Partikuliers in eine so tiefe Ohnmacht, daß man sie allgemein für todt hielt, und alle Anstalten traf, sie zur Erde zu bestatten. Man kleidete sie überaus kostbar an, und der betrübte Gemahl steckte ihr noch zum Ueberflusse einen sehr schönen Ring, von großem Werthe, an einen ihrer Finger. Das Begräbniß gieng vor sich. Man brachte sie nach dem Beerdigungsorte, und übergab den Sarg dem Todtengräber. Dieser verschloß ihn in ein Gewölbe, und wartete noch mehrere Leichen ab, um solche alsdann gemeinschaftlich unter die Erde zu bringen. In England, besonders in London, ist es etwas Gewöhnliches, die Todten auszugraben, und sie zu berauben, ja selbst die Leichname zu stehlen, um sie an Anatomiker zu verkaufen. Das Gerücht von der vorzüglich kostbar gekleideten Verstorbenen verbreitete sich bald über das ganze Viertel, in welchem
sie

sie wohnte, und kam also auch zu Ohren eines solchen Leichendiebes, der auf der Stelle den Entschluß faßte, die Verblichene ihrer Kostbarkeiten zu berauben, welches ihm auch um so leichter zu seyn schien, weil er wußte, daß sie sich noch in einem Gewölbe verschlossen befände, das er ohne Mühe aufzubrechen gedachte. Mit den nöthigen Werkzeugen versehen, verfügte er sich des Nachts zu dem Todtengewölbe, das ganz frey stand, und von der Wohnung des Todtengräbers weit entfernt war. Nur einer ganz geringen Gewalt bedurfte es, und die Thüre des Gewölbes sprang auf. Eine Blendlaterne gab dem Diebe das erforderliche Licht. Er öffnete den Sarg, und alsbald fiel auch der theure Ring an dem Finger der Todten ihm ins Gesichte. Die Beute war ihm willkommen. Einen so reichen Fang zu machen, glückte ihm noch niemals. Er wollte den Ring von dem Finger der Verstorbenen ziehen, aber seine Mühe war vergebens. Der Finger war angelaufen, und der Ring stack gleichsam im Fleische. Der Dieb, der keine Zeit verlieren wollte, ziehet ein scharfes Messer hervor, und fängt an den Finger sammt dem Ringe wegzuschneiden. Aber wie fährt er nicht zusammen, als bey dem Ansetzen des Messers die vermeinte Todte erwacht, sich empor hebt, und „Wo bin ich!" mit lauter Stimme aufschreyt. — Der Dieb zittert und bebet, das Messer fällt ihm aus den Händen, und der Schreck wirft ihn darnieder. — Die Erwachte

wachte sammelt alle ihre Kräfte, und rufet nach Hülfe. Der Todtengräber und seine Gehülfen hören sie; man eilet herbey, und rettet das Leben einer Person, die man, in der Ueberzeugung, daß sie wirklich todt sey, lebendig begraben haben würde.— Der Dieb wurde ins Gefängniß geworfen, er krankte und starb kurze Zeit darauf.

———

(6)

Eine Dame wird lebendig begraben, und in der Gruft entbunden. — Mutter und Kind sterben eines schrecklichen Todes.

Ein adelicher Gutsbesitzer, der ein Wittwer war, starb bald nach dem Tode seiner Gemahlin. Der Gram über ihren Verlust, — (sie verschied im achten Monate ihrer Schwangerschaft) — hatte seine Kräfte aufgezehrt, und ihn in die Arme des Todes geworfen. Ehe nun das Begräbniß des Gutsherrn vor sich gieng, verfügten sich der Kirchendiener und der Todtengräber in die Familiengruft, um da einen Platz für ihn auszusuchen. Kaum öffnen sie die Thüre des Gewölbes, so stürzte auch schon der Kirchendiener vor Schreck und Entsetzen zu Boden: denn eine fürchterliche Gestalt fiel ihm in die Augen. Der Todtengräber zitterte wie Espenlaub; jedes Haar seines Kopfes sträubte sich empor. Die verstorbene Gemahlin des Gutsherrn, angethan mit einem weißseidenen Todtenkleide, saß auf ihrem Sarge. Mit dem Rücken lehnte sie sich an die

Mauer

Mauer des Gewölbes, und auf ihrem Erbsoose lag ein Gerippe von einem neugebohrnen Kinde. Das lange weiße Kleid war mit Blut befleckt, und ihr Gesicht grausam entstellt. Der Kirchendiener lag ohnmächtig auf der Erde, und dem Todtengräber gebrach es an Kräften, sich von dem Steine zu entfernen, auf den er sich stützte. So sehr hatte der Schreck auf diese Leute gewirkt. Indessen kam des Kirchendieners Hund herzugelaufen, und bellte. Der Todtengräber erholte sich, und lief, was er konnte nach dem Schloße, die Sache dem Sohne des verstorbnen Herrn zu melden. Das Bellen des Hundes war nicht unnütz; der Kirchendiener erwachte dadurch aus seiner Betäubung, und rief Leute herbey. Der Todtengräber kam ganz verstöhrt und außer Athem auf dem Schloße an. Stotternd und mit stammelnder Zunge brachte er kaum die Worte hervor: „Ach, die selige gnädige Frau im Gewölbe! — Gott erbarme sich!" Der Verwalter, der keine Gespenster glaubte, schalt den zitternden Mann ein Kind. „Nein, Herr, sagte dieser, leibhaftig sah ich unsere liebe gnädige Frau im Gewölbe, auf ihrem Sarge sitzet sie, schrecklich anzusehen." Noch hatte der Todtengräber nicht geendet, und schon waren mehrere Leute aus dem Dorfe da, dem Verwalter von dieser außerordentlichen Begebenheit die Nachricht zu geben. Der Verwalter eilte nach der Familiengruft, und fand mit großer Betrübniß, daß es wirklich der todte

C   Leich-

Leichnam der vor einem halben Jahre während ihrer Schwangerschaft plötzlich verstorbenen Gutsbesitzerinn war. Eigentlich war diese Unglückliche nicht gestorben; nur eine starke Ohnmacht, — denn es giebt Beyspiele, daß dergleichen Ohnmachten 3, 4, ja noch mehrere Tage anhalten können, — gab ihr das Aussehen des Todes. Im Gewölbe kam sie wieder zu Sinnen, aber keine Rettung war für sie möglich. In Angst und Verzweiflung hatte sie sich das Gesicht und die Arme zerfleischt, und durch starke Bewegung ihre Niederkunft befördert. Weil der Sarg, auf den sie sich gesetzt hatte, eben in einer Ecke des Gewölbes stand, so war ihre Leiche im Tode nicht umgefallen, und sah desto fürchterlicher aus. Retten konnte man sie auf keinen Fall; denn die Kirche, worinn sich dieses Gewölbe befand, war nur eine Kapelle, die ganz abseits lag, und nur des Jahres einmal geöffnet wurde. Sie mochte also schreyen und klopfen, wie sie wollte, so konnte sie doch kein menschliches Ohr hören, ihr keine menschliche Hand Hülfe anbieten. — Entsetzlicher Zufall! In einem engen mit verdorbner Luft angefüllten Gewölbe, dem Hunger preis gegeben, das hin schmachten, gebähren, und mit diesem Gebohrnen langsam sterben müssen, ha, wo find' ich Worte, diesen unaussprechlich schmerzhaften Zustand zu beschreiben.

---

(7)

(7)

Ein Liebhaber rettet seine scheinbar todt begrabene Geliebte. — Daher entstandener Rechtsstreit.

———

Zween Kaufleute in der Straße St. Honore zu Paris, beyde durch herzliche Freundschaft miteinander verbunden, hatten jeder ein Kind, der Eine einen Sohn, der Andere eine Tochter, die auch ohngefähr von gleichem Alter waren. Diese Kinder wuchsen mit einander auf; die genaueste Freundschaft zwischen ihnen, und in der Folge eine zärtliche Liebe, war die Folge davon, die auch von ihren Eltern nicht gemißbilliget ward. Schon gieng man damit um, die Liebenden durch eine noch festere Verbindung auf immer glücklich zu machen, als es einem sehr reichen Herrn einfiel, sich in das Mädchen zu verlieben, und dadurch, daß er um sie anhielt, einen Querstrich durch die herrlichen Plane der beyden zärtlichen Freunde zu machen. Leider war das ansehnliche Vermögen dieses Freyers für die Eltern des Mädchens ein zu mächtiger Reiz, als daß sie sich durch die gerechten Einwendungen und den Widerwillen ihrer Tochter hätten abhalten lassen, dem Manne zu willfahren. Das arme Mädchen ward gezwungen, nachzugeben, und sich ganz wider ihre Neigung mit dem aufgedrungenen Bräutigam zu vermählen. Ihr ehemaliger Geliebter mußte von diesem Augenblicke an ihre Wohnung meiden; aber diese gekränkte Liebe zog ihrem zärtlichen Herzen eine stille Schwermuth zu, aus welcher sie bald in eine schwere Krankheit verfiel, die sie sehr erschöpfte, und am Ende so betäubte, daß man sie für wirklich gestorben ansah, und zur Erde bestattete.

Ihr Jugendfreund, der das traurige Schicksal seiner Geliebten erfuhr, erinnerte sich, daß sie ehemals einen heftigen Anfall von Schlafsucht gehabt hatte, und schmeichelte sich nun mit der einzigen Hoffnung, daß sie auch vielleicht jetzt wieder in einen solchen Zustand versunken seyn könnte. Diese Vorstellung hemmte nicht nur die Gewalt seines Schmerzens, sondern bewog ihn auch, den Todtengräber zu bestechen, und mit seiner Hülfe seine geliebte Freundinn, während der ersten Nacht, aus ihrer Gruft heraus zu sich in seine Wohnung zu bringen. Hier legte er sie ans Feuer, rieb sie mit warmen Tüchern, und suchte sie durch alle nur mögliche Mittel wieder ins Leben zurück zu bringen. Nach einigen Stunden wurde ihm seine Mühe reichlich belohnt. Sie fieng an zu seufzen, und ihr Leben kehrte wieder. Man denke sich das Erstaunen
der

der Neuvermählten, als sie sich in einem fremden Hause, und in den Armen ihres ehemaligen Liebhabers sah, der ihr alles erzählte, was mit ihr vorgegangen war. Sie fühlte es, wie viel sie dem Retter ihres Lebens zu danken hatte. Dieß bestimmte sie, ihr Schicksal mit dem seinigen zu theilen, und mit ihm heimlich nach England zu ziehen. Nach zehen Jahren kehrte dieß seltne durch den Tod vereinte Paar nach Frankreich zurück, ohne im geringsten zu ahnen, daß ihm irgend ein beunruhigender Vorfall begegnen dürfte. Von ungefähr erblickte der ihr gezwungener Weise gegebene Gemahl seine vorige Gattinn. Ihr Anblick, und das Wiedererkennen war, trotz der Ueberzeugung, die er von ihrem Tode hatte, Eins. Er wendete alles an, um ihre Wohnung ausfindig zu machen, und forderte sie endlich durch die Gerichte als seine Frau zurück. Er behauptete, sie gehöre ihm noch zu; der Zweyte, sie sey für jenen todt, und nun für ihn, und durch seine Bemühungen lebendig geworden. Aber die Gerichte waren für den Erstern. Der Prozeß ward eingeleitet. Doch die Liebenden warteten ihn nicht ab, und flohen nach England, wo sie ruhig ihre Tage mit einander beschloßen.

(8)

Sonderbare Wiederauflebung einer Jüdinn im Grabe.

Heiß liebte ein biederer Jüngling die sanfte Karoline. Schon mehrere Jahre hatte er um sie geworben; immer aber verschob der Vater die Einwilligung zur Ehe. Plötzlich stirbt dieser, und noch weniger war itzt der Vormund zu bewegen, sie dem jungen Manne antrauen zu lassen, er hatte sie für Einen aus seinen Vettern bestimmt. Obschon sich Karoline dagegen sträubte, so blieb doch der Vormund bey seinem gefaßten Entschluße, und um ihn desto sicherer ausführen zu können, kartete er die Sache so, daß der Vetter das Mädchen mit Gewalt an sich riß, und mit ihr aus ihrem Wohnorte floh. Der Jüngling erfuhr es, und beschloß, dem Räuber nachzusetzen, und ihm die Beute zu entziehen. Es glückte ihm, den Fliehenden einzuholen, und mit Hülfe einiger Freunde, das Mädchen den Händen ihres Verführers zu entreissen. Da ihr Retter zu Pferde war, mußte sich Karoline bequemen, mit ihm sich aufzusetzen. Der Liebhaber

haber eilte im stärksten Galopp der Stadt zu, willens, daselbst den Vorfall der Obrigkeit anzuzeigen, und den Schutz der Gesetze für sich und seine Geliebte zu erbitten. Ein Fall des Pferdes machte, daß Beyde auf dem Wege zu verweilen gezwungen waren; denn Karoline hatte sich eine Wunde geschlagen, welche verbunden werden mußte. Die sie begleitenden Freunde waren abseits nach einem Dorfe geritten, um einen Wundarzt zu besorgen. Der Entführer, der dem ihm entrissenen Mädchen nacheilte, war nicht mehr fern. Kaum erblickte ihn von weitem der Jüngling, so hob er auch schon seine blutende Karoline aufs Pferd, schwang sich zu gleicher Zeit auf dasselbe, und ritt dem Dorfe zu, wohin sich seine Freunde begeben hatten. Vor dem Dorfe wurde er einer Art von Gottesacker ansichtig. Hieher floh er, und suchte sich unter den Leichensteinen zu verbergen. Beyde stiegen vom Pferde, und kaum berührte ihr Fuß die Erde, so sanken sie auch schon in eine tiefe Grube. Ihr Verfolger, der sie aus dem Gesichte verlor, schlug einen ganz andern Weg ein. Die Versunkenen, die nun bey Mondesschimmer keine Gefahr um sich sahen, bemühten sich aus der Grube zu kommen, und traten auf einen Sarg. Der Sarg, der nur lose aus einigen Brettern zusammen geschlagen war, gieng von einander; Karoline und ihr Geliebter waren niedergefallen, und fielen gerade auf den Leichnam hin, der sich in dem Sarge befand. Sie ent entsetzten sich bey dem Anblicke desselben, noch mehr aber, als sich dieser Leichnam zu regen anfieng, und aus hohler Brust seufzte. Der Jüngling faßte Muth, nahm die wiederauflebende Person in seine Arme, und richtete sie empor. Noch einigemale seufzte diese, und fieng am Ende zu reden an:

„Warum wollt ihr mich tödten? Was that ich euch zu Leide? Menschen, seyd barmherzig!"

„Ha, sie lebt!" rief der brave Jüngling aus, zog seinen Oberrock ab, hieng ihn der erstandenen Todten um, und pflegte ihrer in Gemeinschaft mit seinem Mädchen so gut er konnte. Der Morgen war indessen angebrochen, und jetzt erkannte der edle junge Mann seine Gerettete. Sie war eine Jüdinn, und das Leichenfeld ein jüdischer Begräbnisort. Nun arbeiteten sich diese drey Personen aus der Grube, und verfügten sich in das väterliche Haus der Jüdinn. — Kurz nach ihrem scheinbaren Tode wurde sie zu Grabe getragen. Der Todtengräber, der ein anderes Geschäfte vor sich hatte, senkte sie zwar in die Grube, füllte aber diese nicht mit Erde an, sondern legte blos einstweilen ein paar morsche Bretter über das Grab, und wollte erst nach vollbrachtem Geschäfte die Vermachung desselben vornehmen.

Die schöne Handlung des Jünglings wurde bald der Stadtobrigkeit bekannt, und mit Freuden gab ihm diese zum Lohne — Karolinen.

Die

Die Jüdinn blieb, so lange sie lebte, diesem Paare dankbar, und ihre Nation lernte aus dieser Geschichte, wie übel die Gewohnheit sey, ihre Todten so geschwind, als thunlich, aus dem Sterbehause nach dem Grabe zu bringen.

(9)

Geschichte eines wiedererwachten Begrabenen, und schauerliches Ende desselben; — von ihm selbst beschrieben.

In Spanien stürzte eine alte Kirche ein. Bey Wegräumung des Schuttes kam man an ein Gewölbe, worinn sich noch verschiedene zinnerne Särge befanden. Nur ein hölzerner war darunter; nicht weit von demselben lag der Deckel zertrümmert, und neben bey ein schon halb zu Staub gewordenes Menschengerippe. Das Gewölbe hatte ein kleines Fenster, das sehr hoch war, und nach einer wüsten, menschenleeren Gegend zugieng. Der Anblick des offenen Sarges, und des nicht weit davon liegenden Gerippes, führte natürlich auf die Vermuthung, daß wohl ein Scheintodter hier beygesezt worden, und eines höchst jammervollen Todes gestorben seyn möchte. Bey näherer Nachforschung ward diese Vermuthung Gewißheit; man las nämlich auf einem der zinnernen Särge die Geschichte des Unglücklichen, von ihm selbst in den Tagen seines Dahinsterbens, mit dem metallenen

Kru-

Kruzifixe, das man ihm mitgegeben hatte, in das Zinn gegraben. Die Geschichte lautete also:

"Wer du immer seyn magst, der du einst bey diesem Sarge stehest, ließ meine schreckliche Geschichte, und erinnere dich meiner im Gebete. — In starrer Sinnlosigkeit begrub man mich. Mein zinnerner Sarg war noch nicht fertig; man setzte mich einstweilen in einem hölzernen meinen Vätern bey, und gedachte erst nach der Hand, diesen in jenen zu schieben. So hörte ich diejenigen sprechen, die mein Begräbniß besorgten, ohne daß ich ein sichtbares Zeichen eines noch in mir vorhandenen Lebens geben konnte. Man begrub mich, verschloß das Gewölbe, und entfernte sich. Bey meinem Erwachen, oder vielmehr bey der Wiederkehr meiner Bewegungskraft, stieß ich mit Gewalt den Deckel von dem Sarge, in welchem ich lag, und suchte Rettung. Nur ein schwaches Licht fiel durch das Fenster auf die um mich stehenden Särge herab. Die Höhe des Fensters machte es mir unmöglich zu demselben zu kommen. Die Thüre war fest verschlossen. Ich schrie aus allen Kräften, aber ich wußte, daß man mich nicht hören könnte, wußte, daß nicht eher Menschen in das Gewölbe kommen, als bis der zinnerne Sarg verfertiget seyn würde. Dieser Gedanke war noch mein einziger schwacher Trost. Von meiner Krankheit noch nicht hergestellt, durch die Anstrengung meiner Kräfte ermattet, und ohne die geringste Nahrung, konnte ich nichts anders,
als

als das schrecklichste Ende erwarten. Mit jedem Othemzuge athmete ich pestilenzialische Luft, mit jeder Minute fühlte ich mich schwächer. Die Lunge versagte mir ihre Dienste, meine Zunge lechzte nur, meine Füsse wankten, meine Kniee brachen. Ich winselte. Mein Speichel wurde scharf, und brannte mich im Munde wie Schwefelfeuer. Ich trank meinen Harn, und aß meinen Unrath. Schneidende Schmerzen empfand ich im Unterleibe. Auf Vieren krieche ich nun zu diesem Sarge, und schreibe meine Geschichte unter den grimmigsten Quaalen mit dem metallenen Bilde des Gekreuzigten, der es mir gewiß vergeben wird, wenn ich meinen unaussprechlichen Leiden durch eigene Handanlegung ein Ende mache. — Ha, welche Zuckungen! Welch eine Hitze in meinem ganzen Wesen! Vom Fenster rinnet eine stinkende Jauche herab, ich will mich hinschleppen, und sie auflecken von dem Marmor, der die Wand bekleidet. — — O, könnte ich diese Särge öffnen! Vielleicht ist noch Fleisch an den Leichnamen das mein Leben fristen könnte? Doch, auch dieses ist mir nicht vergönnt; es mangelt mir an Kraft. — O Schmerz! Schmerz! — Heiliger Erbarmer dort oben, sieh auf mich Elenden herab! — Ich kann nicht — ich kann nicht! Wie es mich darnieder wirft, die Augen aus ihren Höhlen treibt! Gott, mein Schöpfer, Gott, mein Erlöser, Gott, Herr, der Du Alles vermagst, rette mich, rette mich! — — — Nein! Es ist beschlossen! Richter

voll

dort oben, du verzeihst. — Mit diesem Leichentuche will ich mich erwürgen; die leidende Kraft in mir ist erschöpft; das Maas ist voll; — ich ende.

Dies laß man auf dem Sarge. — Das Leichentuch hieng noch zusammengerollt um den Hals des Gerippes.

Ein Mädchen, das zergliedert werden sollte, erwacht in der Wohnung des Wundarztes, und stirbt wegen Mangel an Hülfe.

Im Jahre 1746. gieng ein Mädchen aus einem Dorfe unweit Paris zur Stadt. Unterwegs überfiel sie eine Uebelkeit, und sie sah sich gezwungen, bey einem Landmanne ihrer Besserung abzuwarten. Man gab ihr Arzney, aber die Besserung erfolgte nicht, ja es verschlimmerte sich so sehr mit ihr, daß man ihren Tod befürchtete. Der Bader des Ortes versuchte alles, was seine eingeschränkte Kunst vermochte; aber er bemühete sich vergebens; das Mädchen erblaßte in seiner Gegenwart. Da man sie allgemein für todt hielt, verschloß man den Leichnam in eine Kammer. Der Bauer, welcher die Verstorbene aufgenommen hatte, war nach Paris gegangen, und verkaufte da den Körper seiner Entseelten an einen jungen Wundarzt, der sich auf Anatomie verlegte. Der Körper ward abgehohlt, und der Wundarzt legte ihn in ein Gemach, das

neben

neben seiner Schlafstube gelegen war. Die Zergliederung des Mädchens behielt er sich auf den andern Tag vor. Als er des Nachts, wegen Mangel am Schlafe, in einem Buche las, ward er auf einmal durch eine nicht fern von ihm sich dumpf erhebende Stimme gestört; er horcht, und horcht; es waren klägliche Töne und schwere Seufzer. Die Todte in der Kammer fiel ihm ein, und die Furcht bemächtigte sich seiner. Halb angekleidet verließ er eilig seine Wohnung, und eilte zu seinem Lehrer, dem berühmten Brühier, welchem er den Vorfall meldete. Brühier säumte nicht, sich zu dem Wundarzte zu begeben. Lehrer und Schüler kommen nach ein paar Stunden bey der Leiche an, aber leider, sie kommen spät; doch noch immer früh genug, um die für ein menschliches Herz allemal höchst traurige und erschütternde Entdeckung von dem vergeblichen Kampfe zu machen, den dies vernachläßigte, unglückliche Mädchen zu kämpfen hatte, da sie ihre wiederkehrenden Ueberreste von Lebenskraft anstrengte, um sich aus dem Tuche heraus zu winden, in welches sie gewickelt worden war. Mit einem Fuße stand sie auf der Erde, der andere lag auf dem Brette. Der Kopf hieng über das Brett hinab. Brühier bot seine ganze Wissenschaft auf, um die Arme wieder ins Leben zu versetzen; aber ohne Erfolg. — Das Mädchen war — und blieb todt.

(11)

Der Besuch nach dem Tode.

In Köln starb vor einer Reihe von Jahren eine reiche Frau, deren Ehemann ihr zum Beweise, wie sehr er sie im Leben geschätzt habe, eine goldene Kette mit in den Sarg gab, die ihren Hals zierte.

Durch die Hausleute erfuhr es der Todtengräber, und es gelüstete ihn nach der Kette. Kaum war die erste Nacht nach dem Begräbnisse angebrochen, als er voll von den angenehmsten Aussichten, die ihm seine Einbildungskraft vormalte, mit einer Laterne zu dem Grabe gieng, solches aufgrub, und den Sarg öffnete. Noch hatte er die Halskette nicht berührt, als sich zu seinem grössesten Erschrecken die Todte aufrichtete. Der Todtengräber floh halb todt mit Zurücklassung seiner Leuchte, davon, und glaubte nicht anders, als der Geist der Begrabenen wolle ihn für seine frevelhafte Absicht nach Verdienst züchtigen. Die Frau stand inzwischen aus dem Sarge, und dem Grabe wieder auf, nahm die Laterne, und gieng in ihrem Sterbe

Sterbekleide nach ihrer Wohnung. Sie klopfte an. Die Magd öffnete die Hausthüre, und erblicket ihre so eben begrabene Gebietherinn. Sie kam fast von Sinnen bey diesem Anblicke. Ihr heftiges Aufschreyen hatte den Wittwer geweckt. Dieser kam zu sehen, was es gäbe, und fand seine Gattinn mit der vor Schreck niedergesunkenen Magd beschäftigt. Auch er entsetzte sich. Die Frau nahm das Wort, und sprach: „Theurer Gemahl, fürchte dich nicht; ich lebe, und eile wieder in deine Arme." Der Gemahl erhielt seine Besonnenheit wieder, schloß die Erstandene in seine Arme, und vernahm von ihr die Geschichte ihres Wiederauflebens, die wir eben unsern Lesern mitgetheilt haben. Die Frau lebte noch viele Jahre, gebahr Kinder, und starb im hohen Alter.

———

Wiederaufleben und trauriges Ende des Kardinals Espinosa. — Zwo andere Geschichten.

König Philipps des Zweyten von Spanien erster Staatsminister, der Kardinal Espinosa, starb, und Jedermann hielt ihn für todt. Sein Körper sollte der Gewohnheit gemäß einbalsamirt werden. Der Wundarzt, dem dieses Geschäft aufgetragen wurde, schnitt ihm die Brust auf. Kaum war der Schnitt geschehen, so erwacht der Kardinal, schreyet mit durchdringender Stimme, und fährt mit der Hand nach dem Messer. Der Wundarzt flieht, und unter den grausamsten Schmerzen verblutet der von aller Menschenhülfe abgesonderte Kardinal.

Von dem zu seiner Zeit berühmten Wilkes in London wird erzählt, daß er einst plötzlich krank geworden, und den Athem dergestalt verloren habe, daß man ihn völlig für todt hielt. Er ward wirklich in den Sarg gelegt, und sollte bald dem Schoose der Erde anvertrauet werden. Gerade in dem Augenblicke, da man den Sarg zudecken wollte, richtete sich Wilkes zum größten Erstaunen der An-

Antwe

wesenden wieder auf, und man überzeugte sich, daß sein vermeinter Tod weiter nichts, als eine starke Ohnmacht gewesen war.

Nicht so glücklich war ein bedauernswürdiger junger Mann, Namens Bünting, Hofmeister eines Herrn von Schwichelt, der auf einer Reise durch die Schweiz in eine sehr schwere Krankheit verfiel, für todt gehalten, und begraben wurde. Dieser unglückliche Mann hätte noch sehr wohl gerettet werden können, weil das Leben oder vielmehr, — denn das Leben selbst war noch nicht von ihm gewichen, das Bewußtseyn und die Bewegungskraft, nicht etwa erst, da er im dumpfen Grabe lag, sondern schon während man ihn dahin trug, wiederkehrte. Die Träger bemerkten nämlich eine Bewegung im Sarge, hatten aber entweder aus Leichtsinn, oder aus Empfindlichkeit, oder aus Aberglauben keine Anzeige auf der Stelle hievon gemacht. Als von einer gleichgültigen Sache sprachen sie in Wirthshäusern davon, und erst nach mehreren Tagen erfuhr es ganz von ungefähr Hr. von Schwichelt. Er erschrack heftig darüber, und gab sich alle Mühe, es dahin zu bringen, daß sein Hofmeister, den er schätzte, wieder ausgegraben werden durfte. Und welch ein empörender, entsetzlicher Anblick zeigte sich seinen thränenden Augen! Der Unglückliche lag umgekehrt im Sarge auf seinem schrecklich verzerrten Gesichte, hatte das Fleisch von den Fingern abgenagt, und war also auf die fürchterlichste Weise verschieden.

(13)

Eine unſchuldig Gehenkte tritt unter dem Meſſer des Anatomikers wieder ins Leben zurück. Ihr Benehmen beym Erwachen.

Vor ungefähr 28 oder 29 Jahren hatte ſich ein junges Mädchen vom Lande, die von ſehr angenehmer Bildung war, bey einem angeſehenen Manne in Paris in Dienſte begeben, der, zum Unglück für ſie, alle die Unarten an ſich hatte, welche in groſſen Städten die gewöhnliche Folge des überhandnehmenden Sittenverderbens ſind. Des Mädchens Reize machten bald Eindruck auf ihn, und er wandte alles nur Mögliche an, ſie zu verführen. Allein das Mädchen war tugendhaft, und widerſtand ſeinen niedrigen Zumuthungen. Natürlicher Weiſe erregte gerade dieſer Widerſtand die ſchändliche Leidenſchaft des Wollüſtlings immer mehr, und da es ihm auf keine Art gelingen wollte, ihre Unſchuld zu einem Opfer ſeiner Luſt zu machen, ſo erſand dieſer Böſewicht die ſchrecklichſte und abſcheulichſte Rache. Er brachte heimlich in die Lade, worinn das brave

Mäd-

Mädchen ihre Kleidungsstücke verschlossen hielt, verschiedene Sachen von Werth, die ihm angehörten, und mit seinem Namen bezeichnet waren; klagte hierauf, man habe ihn bestohlen, ließ eine Gerichtsperson rufen, und machte bey der Obrigkeit die gewöhnliche Anzeige von dem angeblichen Diebstahle. Jeder Domestick wurde untersucht, also auch das arme Mädchen. In ihrer Lade fand man die gestohlen seyn sollenden Sachen.

Man warf das Mädchen ins Gefängniß, das keinen andern Vertheidiger hatte, als ihre Thränen, und im Verhör nicht anders antworten konnte, als sie wüßte nicht, wie die bey ihr gefundenen Kostbarkeiten in die Lade gekommen wären. Sie betheuerte ihre Unschuld, sie bat, sie beschwor die Richter. Allein man müßte die damalige Strenge und Eilfertigkeit der peinlichen Rechtspflege in Frankreich nicht kennen, wenn man glauben wollte, die Richter hätten sich einfallen lassen, irgend einer Vermuthung, oder einem Argwohne Platz zu geben, daß vielleicht der Ankläger dieses armen Geschöpfs ein Bube seyn könne. Kurz, sie ließen dem Rechte nach aller Strenge den Lauf wider die Beklagte, und, ohne auf die wiederholte Betheurung ihrer Unschuld zu achten, verurtheilten sie das unglückliche Mädchen zum Strange.

Es war der Sohn des Scharfrichters, der an ihr sein Probestücke machen sollte; und so war es kein Wunder, daß sie sehr schlecht gehenkt ward.

Ein Wundarzt erhielt ihren Leichnam zu anatomischen Operationen. Als er noch an demselbigen Abend sein Incisionsmesser an ihre Brust sezte, fühlte er einen Rest von natürlicher Wärme, und ein ganz schwaches Herzklopfen an ihr. Das Messer fiel ihm vor Schreck aus der Hand, und er trug den Körper, den er eben anfangen wollte zu zergliedern, in sein Bette. Seine Bemühungen, sie ins Leben zurück zu rufen, waren nicht vergeblich. Er ließ zu gleicher Zeit einen Geistlichen rufen, dessen Verschwiegenheit und Klugheit ihm bekannt waren, theils um ihn bey diesem außerordentlichen Vorfalle zu Rathe zu ziehen, theils um einen Zeugen seines Benehmens bey dieser kizlichen Sache zur Hand zu haben.

In dem Augenblicke, da das unglückliche Mädchen die Augen aufschlug, glaubte sie sich in der andern Welt, und da sie die Gestalt eines Priesters vor sich stehen sah, der viel äußeres Ansehen, und eine ausdrucksvolle Physiognomie hatte, so faltete sie zitternd die Hände, und rief aus: „Ewiger Vater! Du kennest meine Unschuld, erbarme dich meiner!" Sie hörte auch nicht auf, den Geistlichen anzusehen, weil sie dafür hielt, Gott selbst zu sehen. Es dauerte eine geraume Zeit, ehe man sie überzeugen konnte, sie sey nicht todt, so sehr hatte die Vorstellung von ihrer Hinrichtung, und vom Tode ihre ganze Seele eingenommen. Man kann sich nichts Rührenderes, nichts Ausdrucksvolleres denken, als

als das Geschrey dieser schuldlosen Seele, das sie zu dem erhob, den sie für ihren höchsten Richter hielt; und wenn man auch den mächtigen Zauber abrechnen wollte, der in ihren persönlichen Reizen lag, so blieb dieser Auftritt immer einzig in seiner Art, immer gemacht, einen empfindsamen Mann, und einen aufmerksamen Beobachter zu interessiren. Welch ein Gemählde würde es für einen grossen Künstler, welch eine lehrreiche Geschichte für einen Philosophen, welch eine unterrichtende Warnung würde es für Richter abgegeben haben!

(14)

Entdeckung eines Mannes, der in einem unterirdischen Todtengewölbe wieder zu sich kam, und durch 20 Jahre in demselben auf eine merkwürdige Art erhalten wurde.

In Portugal hatte eine adeliche Familie ihr Erbbegräbniß. Es war ein weitläufiges unterirdisches Gewölbe, in welches man über viele Stuffen hinabsteigen mußte. Drey bis vier Thüren, die alle eisern waren, mußten geöffnet werden, ehe man dahin kommen konnte. Hier! wurden seit Jahrhunderte die Todten dieses adelichen Geschlechtes beygesezt. Nach damaliger Sitte gab man ihnen Kostbarkeiten, als Gold, Silber und Edelgesteine mit in das Grab, daher auch der Eingang zu demselben auf das sorgfältigste verwahrt wurde, besonders bey solchen Begräbnißstätten, wie das war, von welchem wir reden, das sich auf dem Lande an einem ganz einsamen Orte, unter einer nie besuchten Kapelle befand. Der neue Herr des Landsizes ließ die alte Kapelle niederreissen, und das Familienlienbegräbniß nach einem bessern Geschmacke einrichten. Als man an die vorräthigen marmornen Särge kam, in der Absicht, sie sammt ihrem Inhalte tief in die Erde zu vergraben, fand man unter denselben auch einen von Eichenholz. Man erkannte sogleich, daß es der Sarg des lezten Sprossen der bereits schon ausgestorbenen Familie war; und erinnerte sich, daß es wohl zwanzig, und mehrere Jahre seyn mögen, daß man das leztemal in diese Gruft mit einer Leiche gekommen war. Die Arbeiter waren neugierig, die Ueberreste ihres vorigen Herrn zu sehen. Sie öffneten den Sarg, und entdeckten keinen Leichnam darinn, noch irgend eine Spur, daß je einer darinn gelegen wäre. Doch bemerkten sie, daß der Deckel schon vor ihnen von einer Menschenhand geöffnet worden seyn mußte. Dieß machte sie nachdenkend und begierig, die Beschaffenheit der Sache zu ergründen. Man suchte lange, und nirgend zeigte sich was, das fähig gewesen wäre, einen beruhigenden Aufschluß zu geben, bis man endlich ganz in der Vertiefung des Gewölbes eine hölzerne Thüre gewahr wurde, die in eine Art von Keller zu führen schien. Die Thüre ward aufgestoßen, und eine Schneckenstiege fiel ins Gesichte. Man stieg hinab, und kam in ein enges finsteres Gemach, in dessen einer Ecke eine weiße Gestalt unbeweglich saß; und bey Annäherung der Arbeiter leise zu seufzen anfieng. — Die Arbeiter bebten zurück, sie glaubten ein Gespenst vor sich zu

sehen,

sehen, und flohen. Bald drang die Nachricht von dieser Erscheinung zu den Ohren des Herrn des Guts. Dieser, ein aufgeklärter, hellbenkender Mann, ließ sich nun zu dem vermeintlichen Gespenste führen, und beobachtete es von ferne. Die Gestalt verhüllte sich die Augen mit einem Tuche, das schon sehr abgenützt war. Der Schein der Fackeln schien ihm widerlich zu seyn. Sie seufzte und gab mit der einen Hand ein Zeichen den Anwesenden, sich von ihr zu entfernen. Der Gutsbesitzer redete sie in einem sanften Tone an; aber aus den Bewegungen, welche die Gestalt machte, konnte man schliessen, daß auch der leiseste Schall schmerzhaft für ihre Ohren sey. Auf Befehl des Kavalliers ward ein Tragbette herbeygeschaft, die Gestalt darauf gelegt, und auf das Schloß gebracht. Es war ein Greis von ohngefähr 80 Jahren. Ein langes graues Haar bedeckte seinen Kopf, und ein bis an die Kniee reichender Bart bekleidete den ausgemerkelten Körper, der ganz mit Haaren bewachsen war. Weit ragten die Nägel über die Finger hervor. Tief im Kopfe lagen die Augen. Jedes Glied am Leibe zitterte. Nur stammelnd sprach der Greis, und erzählte unter stätem Seufzen und oft maligem Absetzen seine Geschichte.

„Vor vielen Jahren verfiel ich in eine heftige Krankheit, an der die Kunst der Aerzte zu scheitern schien. Man sprach mir das Leben ab, und wirklich verschied ich, dem Scheine nach, noch am selbigen
Tage.

Tage. Von meinem Tode überzeugt, begrub man meinen Leichnam, und setzte ihn, wie ich es in den letzten Stunden meiner Besonnenheit angeordnet hatte, in einem hölzernen Sarge in dem unterirdischen Gewölbe bey. Ich war nicht ohne Bewußtseyn, ich lebte innerlich, nur die Gliedmassen meines Leibes waren erstarrt. Mir war es, als hätte meine Seele gar keinen Körper zu ihrer Wohnung angewiesen. Ich wußte von allem nichts, was mit mir geschah. Aber wie erschrack ich, als das äussere Bewußtseyn wieder kam, als ich mein körperliches Daseyn wieder fühlte, und mich in einem engen Sarge verschlossen fand. Wie ein Rasender sprang ich im Sarge auf, und stieß glücklich den Deckel von demselben. Hier sah ich erst, daß man mich schon begraben, und zu meinen Vätern gebracht hatte. Genau mit dem Todtengewölbe bekannt, wußte ich gar wohl, daß keine Rettung für mich möglich sey. Ich war in einem Zustande, davon ich das Entsetzliche und Schreckliche zu beschreiben nicht vermag. Von allen Seiten winkte mir der grausamste Tod. Alle Plagen, die den Menschen treffen können, vereinigten sich gegen mich. Frost, Hunger, Durst, körperlicher Schmerz, Gram, Wuth und Verzweiflung, o — wer kann sie alle nennen, die Peinen, die auf mich losstürmten! Ich rang die Hände, ich schrie, daß es wiederhallte von den Mauren des Gewölbes. Ich wälzte mich auf der Erde, und knirschte mit den Zähnen. Sa

nochmochten mehrere Tage vergangen seyn, und noch endete mein Leben nicht. In einem Anfalle von Raserey stieß ich mit dem Kopfe gegen die Wand, und fühlte mein Gesicht naß. Ich fuhr mit der Zunge auf der Wand umher, und leckte starke Tropfen einer scharfen Feuchtigkeit von derselben. Dieß war eine Entdeckung, die zu meiner Erhaltung viel beytrug. Diese Feuchtigkeit löschte meinen Durst bis auf diese Stunde. In den Mauersteinen des kleinen Fensters nisteten Dohlen; ich trank ihre Eyer aus, und gebrach es mir an diesen, so nährte ich mich mit einer mir unbekannten Art Schwämme, und Wurzelgewächsen, die hier, und in den feuchten Winkeln der Gruft hervorwuchsen. So lange mein Hemde, Kutte und Leichentuch dauerten, hatte ich Kleidung; und als dieß unbrauchbar geworden, diente mir statt derselben mein langer Bart, und die Haare am Körper. Mit diesen Nägeln vergrub ich meinen Unrath. — So elend auch dieses Leben war, so fand ich doch darinn deutliche Beweise, daß die Vorsehung mein Daseyn wolle, und ich das Recht nicht habe, mir solches zu nehmen. Ich duldete. Der Mangel an hinlänglichem Licht, die verderbte Luft, die mich umgab, die Insekten und Würmer, denen ich nicht entgehen konnte, waren große, schwere Plagen für mich; aber auch selbst in einigen von diesen Plagen lag Wohlthat für mich. Das Blut mancher Insekten, die ich tödtete und aussaugte, ward meine Nahrung.

Ein

Ein Frosch war mein Freund, mein Vertrauter. Diesem klagte ich meine Leiden, und es schien, als hätte er Theil daran genommen. Er schlief an meiner Brust, und folgte mir nach, wohin ich mich bewegte."

So erzählte der Greis, und seine Erzählung erregte das größeste Staunen unter den Anwesenden. Man pflegte seyn aufs Beste; aber eben diese gute Pflege brachte ihm den Tod. Sanft entschlief er eines Abends, sanft schlummerte er hinüber in eine bessere Welt.

(15)

Ein Mädchen stirbt unter der Erde.

Im Kirchspiele des Predigers zu T*á* im H—n, ward ein junges Baurenmädchen begraben, welches noch nicht 48 Stunden vorher, der Anzeige nach, an einem heftigen Fieber gestorben war. Die Mutter grämte sich heftig über den Tod ihrer Tochter, lag Nächte lang auf ihrem Grabe, und der Schmerz riß sie in kurzer Zeit dahin, ohne daß man, auſſer der mütterlichen Liebe, eine nähere Veranlassung dazu wußte. Erst einige Zeit nach ihrem Tode erfuhr der Pastor Umstände, die ein schreckliches Geheimniß vermuthen ließen. Es entstand ein Gemurmel im Dorfe, daß das verstorbene Mädchen im Tode so frisch ausgesehen habe, daß ihre Glieder so schlank und biegsam gewesen wären, daß sie vorhin nur bloß Kopfschmerzen und Schlaflosigkeit gehabt habe, auf einmal aber in einen tiefen Schlummer gefallen, und darinn verblieben sey. Dazu kam das fürchterliche Geständniß der Frau eines Scharfrichterknechts, welche ihr Arzt gewesen war; diese hatte sich aus Gewissensangst gegen verschie-

dene

ene Personen verlauten lassen, daß sie der Verstorbenen, um ihr den Schlaf wieder herzustellen, einen Schlaftrunk gereicht habe, ohne sich um die Wirkung desselben, da sie indessen auf andere Dörfer gegangen war, weiter zu bekümmern. — Vielleicht hatte sie eben dieß der verstorbenen Mutter bereits entdeckt. — Der Prediger, ein rechtschaffener und gutherziger Mann, fand für gut, dieß schreckliche Geheimniß in der Dunkelheit des Grabes zu lassen. Er war mehrere Monate unruhig, suchte aber die Vermuthungen seines Kirchspiels zu unterdrücken, und sprach nie von der Sache, als mit seinen Vertrautesten. Lange nachher getrauete er sich nicht, den Erdhügel anzublicken, welcher alle Schauer der Verzweiflung bedeckte, und als er selbst nach Verlauf einiger Jahre in eine Auszehrung gerieth, und sein herannahendes Ende fühlte, drückte er seinem Freunde, dem er diese traurige Begebenheit erzählet hatte, die Hand, und bat ihn, dafür zu sorgen, daß Niemand in dem Kirchspiele eher beerdiget werde, als bis die Verwesung sichtliche Wirkung an dem Körper geäussert haben würde.

---

(16)

(16)

Benehmen des französischen Arztes Brühier im Wiederauflebungs-Augenblicke eines Scheintodten.

Der berühmte Arzt Brühier, in Frankreich, wurde zu einem Edelmanne, der am hizigen Fieber krank lag, aufs Dorf gerufen, und kam zu spät. Der Edelmann war bereits über zwey Tage gestorben. Bey Ankunft des Arztes beschäftigte man sich eben mit Anordnung des Leichen-Begängnisses, und drang in den Arzt, den Verstorbenen zu öffnen, damit man doch erfahre, was demselben gefehlet habe. Brähier ließ sich zu der Sektion willig finden, und traf alle vorläufige Anstalten dazu. Schon näherte er sich mit dem Sektionsmesser der Leiche, schon warf er das Tuch, womit diese bedeckt war, hinweg, als er plötzlich zurücktrat, und einen sehr scharfen Blick auf den Todten hinwarf. Man befragte ihn über das Betragen, und der Doktor versicherte, daß ihm das Aussehen der Leiche nicht todtenmäßig zu seyn scheine. Einige der
Anwe

Anwesenden lachten; aber der Arzt blieb bey seinem geäusserten Zweifel, und statt zu sekziren, machte er Versuche zur Wiederbelebung. Er ließ sogleich den Leichnam in ein warmes Bette legen, und setzte ihm Schröpfköpfe auf die Brust, zwischen die Schultern und auf die Schenkel. Den ganzen Körper ließ er mit groben gewärmten und mit Wachholderbeeren durchräucherten Tüchern reiben, und beym Reiben den Bauch sanft nach der Brust zu drücken. Da das alles nichts helfen wollte, legte er spanisches Fliegenpflaster oder ein Visikator hinter die Ohren, und gewärmte Ziegelsteine an die Fußsohlen, die auch zugleich mit Bürsten gerieben wurden. Wie erstaunten alle, als der Todte sich zu bewegen anfieng, und sichtbare Zeichen des Lebens von sich gab! Nun hielt man ihm heisses Brod unter die Nase, und goß ihm etliche Löffel warmen Wein ein. Da fieng er an zu schnaufen, und öfnete die Augen, die man, so wie die Schläfe, mit Wein angestrichen hatte.

Ein Kaufmann zu Paris kam zwey Tage nach dem Tode seiner Frau von einer Reise nach Hause, eben als man sie zu Grabe trug. Da er seine Gattinn herzlich liebte, so war auch sein Schmerz gränzenlos. Er zwang, den Leichenzug umzukehren, und wollte sich mit eigenen Augen von dem wirklichen Tode seiner Gemahlinn überzeugen. Der sehr geschickte Arzt Herr Brühier erschien, und versuchte alles, was die Kunst zur Wiederbelebung todt scheinender Menschen anräth. Unter andern wurden der Gattinn des Kaufmanns an verschiedenen Theilen des Körpers kleine Einschnitte, mit einer Lanzette gemacht, und Schröpfköpfe angesezt. Man hatte bereits 25 Köpfe vergebens gebraucht, als die Todte bey dem 26ten Kopfe auffuhr, und schrie: „Ach, was quält ihr mich so?" Sie erwachte nun ganz, und wurde wieder gesund.

(17)

Vergebliches Bemühen, sich aus dem Grabe zu retten.

Einst starben, erzählt Herr Prediger Schnorr, im Hannövrischen Magazin vom J. 1792. Mann und Frau fast zu gleicher Zeit. Sie wurden, wie gewöhnlich, bey einander begraben, und man hörte schon des Nachmittags nicht lange nach der Beerdigung ein ungewöhnliches starkes Pochen im Grabe, welches bis an den Abend dauerte. Vieles Volk hatte sich um den Grabhügel versammelt; aber keiner war darunter, dem es eingefallen wäre, der wahren Ursache des Pochens nachzuspüren. Die Leute standen unthätig da, und horchten, und erklärten sich das Getöse unter der Erde auf die sonderbarste Art: „Die Eheleute haben sehr unzufrieden mit einander gelebt! sie können sich noch im Grabe mit einander nicht vertragen. — Lasset uns diesen Ort meiden, es geht hier nicht richtig zu. Lasset uns bethen für die Verstorbenen! das ewige Licht leuchte ihnen!" — So sprach man, und zog von dem Grabe ab. Kein Mensch kam auf den Gedanken, daß diese Todten, oder doch einer von ihnen, wieder erwachen könnte. Und doch — wer kann pochen ohne wirkliches Leben, ohne Bewußtseyn, ohne Bewegung, ohne Gefühl? — Entsetzlich für die Unglücklichen! — — Ich denke mich in diese Lage, stelle mir vor, wie ein solcher Mensch bey wiedererlangter Besonnenheit sich erst aufzurichten, dann sich umzulegen, dann sich auch nur zu bewegen versucht, keines von allem kann; dann mit den Händen in die Höhe und um sich her greift, allenthalben an die Bretter des Sarges stößt, sich vergraben bemerkt, schreyen will, und nicht kann, in Thränen zerfliessend nach freyer Luft schnappt, die wenige verschlossene, durch Ein= und Ausathmen immer erstickender für sich macht, sich fürchterlich abquält, in der Hoffnung, vielleicht erlöset zu werden, Hände und Füsse zerarbeitet, wund ringt, wund pocht, aus Verzweiflung zerbeißt, und endlich unter den namenlosesten Quaalen seinen Geist aufgiebt!

(18)

(18).

Ein Augenzeuge erzählt das schauerliche Ende seines lebendig begrabenen und wieder erwachten Freundes.

In einem italiänischen Kloster starb plötzlich ein Mönch. Man legte ihn in eine abseitige Kammer, und ein anderer Mönch, der schon sehr alt war, bat sich aus, bey dem Todten wachen zu dürfen; denn beyde waren unzertrennliche Freunde im Leben gewesen. Am dritten Tage Abends sollte der Verstorbene begraben werden. Man legte ihn früh in den Sarg, vernagelte diesen, und machte sich bereits zu dem Kondukte bereit. Der alte Mönch war vom Sarge seines Freundes nicht wegzubringen, er begleitete ihn sogar in die Kirche, wo des Abends die Leichen-Zeremonie vor sich gehen sollte. Der Abend kam, der Todte ward eingesegnet, und in die Mönchsgruft hinabgetragen, wohin ihm auch der Greis gefolgt war. Die Gruft blieb über Nacht offen, erst am Morgen sollte sie wieder mit dem gewöhnlichen Steine zugedeckt, und verschlossen werden. Es war eigentlich nur die Begräbnißkirche des Klosters; denn für den gewöhnlichen Gottesdienst war eine größere erbauet. In der Gruft betbete also der zärtliche Freund des Verstorbenen die Nacht über, und wurde unglücklicher Weise am Morgen von dem Todtengräber, der das von nichts wußte, daß sich noch ein Mensch in dem tiefen Gewölbe befände, verschlossen. Die Abwesenheit des alten Mönchs im Kloster war keinem auffallend; denn er erhielt vom Prior sehr oft die Erlaubniß, in der Nachbarschaft bey verschiedenen Wohlthätern des Konvents Besuche abzustatten, welches man auch um so wahrscheinlicher itzt vermuthen konnte, da sein bester Freund von ihm durch den Tod gerissen ward, und er allerdings Zerstreuung nöthig hatte. Selbst den Prior über den abwesenden Bruder zu befragen, fiel erstlich Niemanden ein, und dann hätte man es auch auf jeden Fall unterlassen, weil dieser schon einige Zeit bettlägerig und ganz mit sich selbst beschäftiget war. Auf diese Art vergiengen drey ganze Tage; doch am vierten, da Pater Anastasius immer unsichtbar blieb, ward man nachdenkend. Man schickte in der Nachbarschaft herum, und erfuhr nichts. Man durchsuchte alle Winkel des Klosters, und fand nichts; Pater Anastasius war verschwunden. Man wußte nicht, was man denken sollte. Ein Leichenbruder trat auf, und sagte, ob vielleicht nicht der alte Pater Anastasius in die Gruft gesperrt worden sey;

er habe ihn gesehen, wie er mit der Leiche hinab
gieng, aber nicht wieder zurückkam. Die Worte
des Layenbruders machten Eindruck. Auf Befehl
des Priors mußte sogleich die Gruft geöffnet werden. Welch ein Anblick! Tief unten im Gewölbe
lag Pater Anastasius ganz entstellt auf der Erde,
den begrabenen Leichnam in seinen Armen haltend,
und fest von diesem umschlungen. Das Entsetzen
der Mönche war ausserordentlich. Alle liebten den
ehrwürdigen Greis, und fanden ihn nun in einem
solchen erbarmungswürdigen Zustande. Man hatte
eilig nach Aerzten geschickt. Noch war eine Funke
vom Leben in dem Pater, und den Aerzten glückte
es, diesen schwachen Funken zur Flamme aufzu-
blasen. Anastasius erholte sich, und erzählte, wie
folget, die schreckliche Begebenheit in der Gruft.

„Ich bethete, hub er an, am Sarge meines
mir unvergeßlichen Freundes. Schon einige Nächte ohne Schlaf, versank ich jetzt unwissend in demselben. Ich weiß nicht, wie lange ich geschlafen
haben mochte, aber so viel weiß ich, daß mich ein
starkes Getöße um mich her weckte. Ich sprang
erschrocken von der Erde auf, und wollte sehen,
was es wäre. Allein eine dichte Finsterniß umgab
mich. Ich tappte mit den Händen herum, und
Gott im Himmel, ich faßte meinen Verstorbenen
beym Arm, fühlte ihn warm, und ihn selbst auf-
recht sitzend im Sarge. Er seufzte, daß es mir
durch Markt und Bein drang. Ich suchte mich

zu ermuntern, und redete ihn an. Mit gebroche-
ner Stimme antwortete er mir, und ich überzeugte
mich, daß er wirklich lebe, daß er als ein Scheintodter begraben wurde. Ich raffte mich zusammen,
und suchte aus der Gruft zu kommen. Allein mein
Bemühen war fruchtlos."

„Unbekannt in dem weitläuftigen Todtengewölbe, von Finsterniß umgeben, und mit verwirrten
Begriffen, lief ich bald dahin, bald dorthin, fiel über
Särge dahin, und fand keinen Ausweg. Endlich
glückte es mir dennoch die Treppe zu erreichen.
Schon erschöpft an Kräften, kroch ich diese hinan;
aber wie bebte ich zurück, als ich sie verschlossen fand!
Der Gedanke, hier ist keine Rettung möglich, durch-
fuhr wie ein schneidender Pfeil mein Innerstes. Ich
schrie, ich pochte. Ich lief zu meinem Freunde,
der aufgelebt zu seyn schien, um nochmals mit dem
Tode zu ringen. Ich tröstete ihn, drückte ihn an
meine Brust, hauchte ihm warmen Odem ein, rieb
mit dem Tuche meines Habits seinen Körper; schrie
wieder, und kämpfte mit den schrecklichsten Leiden;
ich sah meinen Tod, meinen jammervollen Tod
vorher. Es müssen mehrere Tage in diesem unserm
Zustande vergangen seyn. Mein Freund heulte an
meinem Busen. Gewaltige Zuckungen waren seine
Begleiter. Brennende Thränen rollten meine Wan-
gen herab. Ich fühlte, wie meine Kräfte abnah-
men. Mein Freund umschlang mich, rief mit einer
mitleidigen Stimme den Namen Gottes, hielt mich

so

so fest, daß es mir unmöglich war, mich loszuwinden. Endlich fiel er, und ich mit ihm. Der Schmerz hatte mich betäubt, der Mangel an Kräften mich unfähig gemacht, ein Glied zu bewegen. So lag ich da, bis ihr kamt."

Noch wollte der gute Vater weiter sprechen, aber sein Arzt fand es nöthig, ihm Ruhe zu lassen.

(19)

Das Erwachen eines todt vermeinten Taglöhners, und sein Betragen.

Zu N. starb ein Tagelöhner nach einem langen Krankenlager. Drey Tage lag er schon auf dem Brette, und so eben wollte ihm seine Frau mit Beyhülfe des Nachbars in den Sarge bringen, um ihn des Abends beerdigen zu lassen. Als man ihn von dem Brette hob, wachte er auf. Das erste was er unternahm, war, daß er sein Weib wie wüthend anfiel. Als man ihn um die Ursache seines Zorns fragte, gab er an, daß er jeden Stich gefühlt habe, den ihm seine Frau in die Waden gethan hatte. Diese nämlich hatte im Sarge keine Strümpfe an ihn wenden wollen; sie wickelte ihm alte Lappen um die Füsse, und nähte solche an den Füssen zusammen, wobey sie ihm ungerne einige Nadelstiche versezt haben mochte. Der Tagelöhner versicherte, daß er bey zugedrückten Augen alles gehört, was um ihn her gesprochen worden, und alles deutlich gefühlt habe, was man mit ihm vorgenommen; daß er nicht im Stande gewe-

sen

fen, dieß im Geringsten zu erkennen zu geben, daß er aber, weil die Frau ihn so mörderisch gestochen hatte, ihr geschworen habe, den ersten Wiedergebrauch von seinen Gliedern an ihr zu machen. — Die Aerzte, welche während seiner ganzen Krankheit nicht waren gerufen worden, nun aber auf das Gerücht von diesem Vorfalle ungerufen herzukamen, nannten diese Erscheinung gehobene Starrsucht. Kann diese bis zum dritten Tage dauren, warum nicht auch bis zum vierten?

(20)

Geschichte eines wiederaufgelebten Matrosen, der so eben weggeschaft werden sollte. — Noch ein besonderer Vorfall.

Im J. 1785. starb auf einem englischen Schiffe, welches einen Kaper aufzusuchen gesandt war, ein Matrose. Einer von seinen Kameraden wurde, nach Schiffsgebrauch, beordert, den Todten in eine Hangmatte einzunähen. Er verrichtete dieses am dritten Tage nach dem Hinscheiden des Mannes, und bediente sich dabey einer großen Packnadel. Als er mit dem Nähen dem Todten über das Gesicht kam, stach er denselben unvorsichtiger Weise mit der Nadel queer durch die Nase. Der Scheintodte fieng an, sich in seiner Hülle so heftig zu bewegen, daß er das bereits um ihn her genähete Leinentuch mit dem Ellenbogen zerriß. Der Matrose, der das Nähen verrichtete, erschrack, ließ die Nadel in der Nase des Erwachten stecken, und lief, was er konnte, von dem Verdecke. Einige andre Matrosen kamen herbey, befreyten ihren wieder lebendig gewor-

gewordenen Mitbruder von seinen Banden, und rießen den Schifchirurgus, der dem Manne die Nadel aus der Nase zog, und ihm eine Ader öffnete. Der Kapitain des Schiffes ließ es diesem Menschen nicht an Pflege fehlen, und nach drey Tagen verrichtete er seine Arbeit, und heilig die Maste. Seines Zustandes wußte er sich keineswegs zu erinnern. Er behauptete, er habe einen festen, tiefen völlig traumlosen Schlaf geschlafen, und nur der von der Nadel verursachte Schmerz habe ihn geweckt. Todtenblässe und Erstarrung kündeten aber doch äusserlich den Tod an.

Im Jahr 1773. kam ein Unbekannter zu Clermont an. Nach einem kurzen Aufenthalte im Gasthofe bekam er das kalte Fieber, und starb wenige Tage darauf. Der dasige Pastor ließ ein Inventarium von dem machen, was dieser Mensch in seinem Felleisen mit sich geführt hatte. Man fand darin hundert Louisd'or. In der Voraussetzung, daß dieses Geld nicht besser, als zu einem ehrenvollen Begräbnisse des Verstorbenen angewendet werden könnte, lud der Prediger alle seine benachbarten Amtsbrüder und andere angesehene Personen dazu ein, kaufte eine ungeheure Menge Wachslichter, und ließ ein herrliches Gastmahl zubereiten, um alle gebetene Gäste nach Würden zu bewirthen. Da ihrer sehr viele waren, speisete man in dem Gasthofe in einem großen Saale, an den eine Kammer stieß, in welcher sich der Fremde schon im
Sarge

Sarge befand. Gegen Abend sollte das schöne Begräbniß vor sich gehen. Die Gäste ließen sichs vortreflich schmecken, und leerten ein Duzend Bouteillen nach dem andern. Als man so in Hülle und Fülle lebte, öfnete sich plötzlich die Kammerthüre, und der Verstorbene Unbekannte stand im Todtenhemde, bedeckt mit einem weißen Tuche, mitten in der frohen Versammlung. Alle erschrecken, und stehen wie versteinert da. Die Gläser fallen ihnen aus den Händen. Der Unbekannte versichert, er sey kein Gespennst, er lebe wirklich, und befinde sich, nach Umständen, ganz wohl. — Die Gäste hatten sich bey Zeiten entfernt. Der Prediger verkündete dem Wiederaufgelebten, welche große Ehrenbezeugungen ihm zubedacht gewesen wären, und verlangte, daß er nun auch die Kosten tragen müßte. Der Unbekannte forderte sein Geld. Die Sache kam wirklich zu einem Prozesse, dessen Ausgang nicht bekannt geworden ist.

---

(21)

Ein Dorfrichter kömmt im Beinhause zu sich. Setzet zween Wanderer in Schrecken.

Im Dorfe S*** in B***rn, begrub man den Richter des Orts. Da der Mann Vermögen besaß, dauerte auch die Begräbniß Ceremonie etwas lange. Man kam schon spät Abends mit der Leiche auf den Gottesacker. Das ganze Dorf hatte sie begleitet. Auf einmal erhielt man die Nachricht, daß in der Pfarrwohnung ein starkes Feuer ausgebrochen sey. Man verläßt die Leiche, und läuft nach dem Dorfe, um dem Feuer Einhalt zu thun. Der Todtengräber, der ein Häuschen im Dorfe hatte, setzte den Sarg in das Beinhaus des Kirchhofs, und eilt, um seine Haabe zu retten. Nachts nähern sich zween Wanderer dem Orte. Als sie sahen, daß es noch im Dorfe brenne, beschliessen sie auf dem Gottesacker, bey dem sie eben vorbey giengen, zu übernachten, um so mehr, da eine sehr unsanfte Witterung eingetreten war. Sie lagern sich nicht weit vom Beinhause in einer kleinen Kapelle.

Ohn=

Ohngefähr nach einer Stunde hören sie ein Getöse, ein Rauschen, dann ein Stöhnen und Seufzen. Sie werden aufmerksam, sehen um sich, und es scheint ihnen, als bewegte sich etwas im Beinhause drin. Da beyde Soldaten waren, gebrach es ihnen auch am Muthe nicht. Sie nähern sich dem Häuschen, und — stürzten mit einem Male vor Schreck zu Boden. Die in dem Beinhause aufgestellten Schedel und Knochen waren in dem Augenblicke ihres Eintretens zusammen gefallen, eine weisse Gestalt arbeitete unter denselben, wimmernd und seufzend. Doch die Männer erholen sich, blicken auf, und sehen einen lebenden Menschen auf dem Knochengebäude herumsteigen, davon schon ein ziemlicher Theil zusammen geworfen war. Sie reden den Menschen an, und erfahren von ihm, daß er diesen Nachmittag hieher als ein vermeintlich Todter gebracht worden, nun erwacht, und willens gewesen wäre, aus dem fürchterlichen Orte zu fliehen. Im Dunkel wäre er auf die Schedel und Knochen gestiegen, die unter seinem Fußtritte wichen, und aus ihrer Lage gesetzt, unter einander rollten. — Die Wanderer halfen dem Erstandenen aus den Beinen heraus, warfen ihm ihre Mäntel um, und der eine von ihnen lief nach dem abgebrannten Dorfe, wo er die Begebenheit dem Pfarrer meldete. Man kam, und nahm wieder den Richter unter die Lebenden auf.

―――――

Unglückliches Ende einer wiedererwachten Scheintodten.

Im Städtchen K*** in S***n, starb die Frau eines dasigen Bürgers. Der Mann war sehr betrübt über diesen Todesfall. Er konnte den Leichnam seiner Gattinn, die er auf das zärtlichste liebte, nicht vor Augen sehen; der Anblick desselben machte ihn rasend. Seine Freunde fanden es daher für räthlich, die Todte in ein abgelegenes Zimmer des Hauses zu legen. Man stellte eine Lampe zu ihr, und bezahlte eine alte Frau, die bey dem Sarge wachen sollte. Die Frau versah sich reichlich mit Brandtwein, und trank, und wachte so lange, als ihr nicht der Rausch die Augen zuschloß, welches aber bereits durch zwo Nächte immer sehr früh geschah, wo sie dann bis in den spätesten Morgen vortreflich beym Sarge schlief. Nun war die letzte Nacht noch übrig. Trank sie in den vorhergehenden Nächten viel, so nahm sie heute eine ungleich stärkere Portion mit sich, weil sie wußte, daß sie so gute Stunden nicht

sobald

sobald wieder erleben würde. Früh begab sie sich zu
der Todten und sang recht erbaulich aus einem di-
cken Gesangbuche. Nach jedem Absatze that sie einen weidlichen Schluck, und da das Lied deren 25
hatte, so war sie auch schon bey dem 24sten mäus-
chenstille, und in Schlaf versunken. Gegen Mitter-
nacht erwacht die Todte. Ihre Besinnungskraft tritt
zurück. Sie bemerket sich im Sarge, und mit einem Sterbekleide angethan. Sie sammelt ihre
Kräfte, und steiget aus dem Sarge, nimmt die Lampe, und eilt nach ihrer gewöhnlichen Wohnung.
Als sie in den Hof des Hauses kam, bließ ihr der
Wind das schwache Flämmchen der Lampe aus.
Sie schrie nach Hülfe, aber Niemand hörte sie, alles lag in den Armen des Schlafes. Sie irret umher, und kommt an einen offen stehenden Brunnen,
mit dessen Ausbesserung man gerade beschäftiget
war, in welchen sie hinabstürzt. — Die Alte im
Zimmer schläft bis an den Morgen. Bey ihrem
Erwachen siehet sie nach dem Sarge hin, und —
findet ihn leer. Sie kann nicht begreifen, wo der
Leichnam hingekommen. Nur schwach erinnert sie
sich, was die Erstandene Nachts im Zimmer gethan,
wie sie aufgestanden, die Lampe genommen, hinab-
gegangen, und unten geschrieen. Aber sie hält diese
schwache Erinnerung für einen Traum, und achtet
nicht weiter darauf. Bald erfährt den sonderbaren
Vorfall der Gatte der Verstorbenen. Man staunet,
man wundert sich; man giebt sich alle Mühe, die
Todte

Todte zu finden, aber ohne Erfolg. Diese war verschwunden, und nicht eine einzige Spur fand sich, die angezeigt hätte — wohin. Die Alte war nicht mehr im Hause. Des Volkes wegen begrub man den leeren Sarg. Die Alte ward vorgerufen, und streng befragt. Jetzt erzählte sie, was sie für einen Traum hatte. Man läßt Leute kommen, und den Brunnen untersuchen. Mit dem Unrathe und Schlamme ziehet man verschiedene Kleidungsstücke, ein Kruzifix, und eine zinnerne Lampe herauf. Der Wittwer erkennet daran die Kleidungsstücke, das Kruzifix, die zinnerne Lampe seiner verstorbenen und verlornen Gattinn. Zween von den Arbeitern mußten sich sogleich in den Brunnen herablassen, und nachsuchen; sie suchten nicht lange, und brachten die arme Verstorbene hervor. An ihrem Körper zeigten sich Spuren, daß sie sich retten wollte aus der Tiefe; ihre Hände waren von den Ketten, woran die Kübel hiengen, wund gerieben. Ein Bein war aus seinem Gelenke geflossen, und der Kopf voll Wunden. — Jetzt erklärte sich alles. — Welch eines peinlichen Todes die Bedaurungswürdige starb, brauch ich meinen Lesern nicht zu sagen.

———————

(23)

Geschichte August Schwenks, eines Glasers zu Wittenberg.

Vor mehrern Jahren lebte zu Wittenberg ein Glaser, Namens August Schwenk, der in seinem vierten Lebensjahre in großer Gefahr war, lebendig begraben zu werden. Nach einer kurzen Krankheit verfiel er damals in einen so betäubenden Zustand, daß man ihn für todt hielt, ihn umkleidete, und in eine kalte Stube setzte. Kurz vorher, als man mit ihm zu Grabe gehen wollte, kam von ohngefähr ein Zimmermann in dasselbe Zimmer, wo das Kind schon im Sarge lag. Er hörte eine schwache Menschenstimme, die einen Trunk verlangte. Da er nirgends einen Menschen sah, so trat er zum Sarge, und horchte; bemerkte aber weiter keine Lebenszeichen, und kehrte, in der Meinung, sich getäuscht zu haben, wieder nach der Thüre um. Als er eben die Thüre hinter sich zuschliessen wollte, hörte er die vorige Stimme noch einmal. Nun glaubte er überzeugt zu seyn, daß die Stimme von der vermeintlichen

lichen Leiche käme. Er öffnete den Sarg, nahm den Knaben heraus, und brachte ihn zu seinem Vater. Obgleich noch keine deutliche Spur vom Leben an dem Kinde bemerkt wurde, so hielt der Vater es doch für seine Pflicht, wenigstens den Versuch mit der Wiederbelebung seines lieben Söhnchens zu machen. Er erwärmte den Todten, und siehe da! in kurzen öffnete dieser die Augen, regte Hände und Füsse, und kam völlig wieder zu sich selbst.

(24)

Die Unglückliche wollte sich retten, und bemühete sich vergebens.

Zu Alais, einer Stadt, zehn Meilen von Nimes, in Frankreich, grub man einen Sarg aus, dessen Deckel etwas aufgehoben war; als man der Ursache davon nachforschte, fand man, daß die im Sarge liegende Frau die Finger ihrer rechten Hand zwischen dem Sarge und dem Deckel eingepreßt hatte. Die Unglückliche wollte sich retten, und bemühete sich vergebens.

(25)

Geschichte der Madame Lacour, und ihres Sohnes.

Madame Lacour starb nach einer heftigen Krankheit. Man begrub sie in eine Kirchengruft, und gab ihr viel Geschmeide mit in den Sarg. Ihr Kammermädchen und der Thürhüter der Kirche, beyde von Begierde nach dem Besitze dieser Kleinodien getrieben, redeten mit einander ab, sich in der folgenden Nacht derselben zu bemächtigen. Der Thürhüter öffnete indeß einen besondern Eingang in die Gruft, und das Mädchen erschien zur bestimmten Stunde. Beyde giengen, mit Licht versehen, nach dem Todtengewölbe, öffneten den Sarg, und fiengen an, das Geschmeide von der Todten zu nehmen. Sie hatten eine Wachskerze. Von ungefähr tropfte etwas geschmolzenes Wachs der Leiche aufs Gesicht. Die Dame erwachte, seufzte laut, und rief. — Beyde Räuber erschracken, und liefen davon. Die Wiedererwachte aber kehrte, so gut sie konnte, nach ihrer Wohnung zurück, le*te

noch

noch eine geraume Zeit mit ihrem Gatten fort, und gebahr auch einen Sohn, der nachher Priester geworden, und ein ähnliches Schicksal auszustehen hatte. Er stand als Geistlicher beym Kloster St. Jean D'Angely in Paris, und fiel eines Tages, wie vom Schlage gerührt, plötzlich nieder. Man hielt ihn für völlig todt, legte ihn in einen Sarg, und trug ihn, nach der gewöhnlichen Zwischenzeit, in die Kirche, um ihm hier seine Ruhestätte anzuweisen, und seine Ueberreste jenen seiner Klosterbrüder beyzugesellen. Als man im Begriffe war, ihn in die Gruft zu senken, rissen die Stricke, und der Sarg fiel mit grossem Getöse über die Stiege hinab. Die Bretter traten auseinander, und der Pater bekam durch diesen Zufall einen so gewaltigen Stoß, daß ihn, zum größten Erstaunen aller Anwesenden, diese heftige Erschütterung ins Leben zurückbrachte.

Inhalt.

Inhalt.

Seite.

Einleitung: Oft sind unsere Todten nur scheinbar todt. — Trüglichkeit der gewöhnlichen Kennzeichen des Todes. — Behandlung der Leichen — — — — 5

1) Ein Mönch kömmt im Todtengewölbe zu sich; lebet drey Tage, leidet schrecklich, und stirbt endlich eines jämmerlichen Todes   17

2) Schreckliche Entdeckung in einer Todtengruft   21

3) Ein durch Posaunenschall Wiedererweckter erzählet seine Geschichte — — —   25

4) Wiederauflebung des Hrn. Schloßküsters Wuth in Hannover; von ihm selbst erzählt   27

5) Ein Diebstahl in der Gruft rettet einer lebendig begrabenen Frau das Leben — 29

6) Eine Dame wird lebendig begraben, und in der Gruft entbunden. — Mutter und Kind sterben eines entsezlichen Todes — — 32

7) Ein Liebhaber rettet seine scheinbar todt begrabene Geliebte. — Daher entstandener Rechtsstreit — — — — 35

8) Sonderbare Wiederauflebung einer Jüdinn im Grabe — — — — — — 38

9) Geschichte eines wiedererwachten Begrabenen, und schauerliches Ende desselben; von ihm selbst beschrieben — — 42

10) Ein Mädchen, das zergliedert werden sollte, erwacht in der Wohnung des Wundarztes, und stirbt elendig wegen Mangel an Hülfe 46

11) Der Besuch nach dem Tode — — — 48

12) Wiederauflebung und trauriges Ende des Kardinals Espinosa. — Zwo andere Geschichten — — — — — 50

13) Eine unschuldig Gehenkte tritt unter dem Messer des Anatomikers wieder ins Leben zurück. — Ihr Benehmen beym Erwachen 52

14) Entdeckung eines Mannes, der in einem unterirdischen Todtengewölbe wieder zu sich kam, und durch 20 Jahre in demselben auf eine merkwürdige Art erhalten wurde — 56

15) Ein Mädchen stirbt unter der Erde — 62

16) Benehmen des französischen Arztes Brü- hier in dem Wiederauflebungsaugenblicke eines Scheintodten — — — — 64

17) Vergebliches Bemühen, sich aus dem Gra- be zu retten — — — — 67

18) Ein Augenzeuge erzählet das schauerliche Ende seines lebendig begrabenen und wie- der erwachten Freundes — — — 69

19) Das Erwachen eines todt vermeinten Tag- löhners, sein Betragen — — — 74

20) Geschichte eines wiederaufgelebten Matro- sen, der so eben vom Schiffe weggeschafft werden sollte. Noch ein besonderer Vorfall 76

Seit

21) Ein Dorfrichter kömmt im Beinhause zu
sich. — Setzet zween Wanderer in Schrecken 79

22) Unglückliches Ende einer wieder erwachten
Scheintodten — — — — — — 81

23) Geschichte August Schwenks, eines Glasers zu Wittenberg — — — — — 84

24) Der Unglückliche wollte sich retten, und be-
mühte sich vergebens — — — — 86

25) Geschichte der Madame Lacour, und ihres
Sohnes — — — — — — — 87